AF329808

# MÉMOIRE JUSTIFICATIF

D'UNE

## VICTIME DE L'ARBITRAIRE ÉPISCOPAL

ADRESSÉ A

## TOUT HOMME DE BON CŒUR ET DE BON SENS

> Attaquer l'arbitraire, ce n'est pas attaquer l'autorité.
>
> Les plus mortels ennemis de l'autorité ne sont pas ceux qui osent la rappeler à l'observation des règles, pas même ceux qui la nient, mais ceux-là qui disent qu'il faut l'*adorer*.

—

### Première Partie.

—

## PARIS

### LIBRAIRIE LEDOYEN,

PALAIS-ROYAL, GALERIE D'ORLÉANS, 31.

Chez les principaux libraires des départements de la Lorraine.

—

1856

# MÉMOIRE JUSTIFICATIF

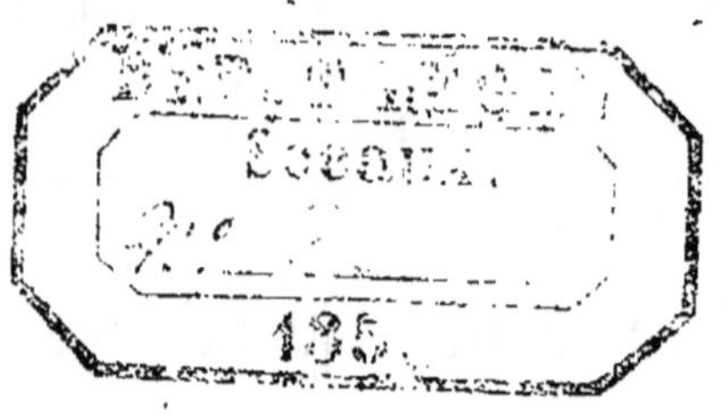

# MÉMOIRE JUSTIFICATIF

D'UNE

VICTIME DE L'ARBITRAIRE ÉPISCOPAL

ADRESSÉ A

## TOUT HOMME DE BON CŒUR ET DE BON SENS

—

*Première Partie.*

—

SCEAUX

IMPRIMERIE DE MUNZEL AINÉ, RUE FLORIAN, 1.

1856

# AVANT-PROPOS.

J'ai longtemps pesé devant Dieu si je publierai ce que je publie aujourd'hui. J'ai consulté. Des hommes d'énergie et d'une entière gravité m'ont poussé à cette publication : deux sortes de gens m'en ont détourné, les prudents et les peureux, les timorés et les satisfaits.

Les uns ont essayé d'ébranler mon courage et ma résolution, en me disant : « c'est le pot de terre contre le pot de fer : que ferez-vous? vous serez écrasé, broyé, et vous n'arrêterez par le char de l'arbitraire. »

Les autres ont parlé à ma religion, à ma foi, à mon esprit sacerdotal en me disant : « Quel scandale ! »

Mais je ne crois pas au scandale dont m'effraient ceux-ci, et je n'ai pas la prétention que m'attribuent ceux-là. Quel est mon but? le voici : je suis sacrifié, flétri, il faut qu'on sache pourquoi et comment. J'entends de toutes parts des plaintes et des murmures plus ou moins concentrés. Eh bien, puisque c'est ma destinée, je veux me plaindre et gémir tout haut.

Quant au scandale dont on me parle, je l'ai dit,

je n'y crois pas. Je révèle, il est vrai, quelques faits nouveaux, mais qui n'en connaît beaucoup d'autres à peu près pareils? Du reste, s'il y avait scandale, ce serait le cas de se rappeler cette parole du Sauveur : « Il est nécessaire que le scandale arrive. » Sans doute, la publicité de semblables débats est toujours triste et fâcheuse, mais il y a quelque chose de plus triste et de plus fâcheux encore : C'est qu'un curé se trouve changé, flétri, sacrifié d'un seul trait de plume, sans qu'il soit jugé et puisse se défendre.

C'est que l'honneur, l'avenir et la vie d'un prêtre, dépendent des bonnes ou mauvaises dispositions d'un seul homme à son égard, d'un *premier venu* en quelque sorte de la hiérarchie.

C'est qu'il n'y ait plus de garanties entre l'inférieur qui tremble et le supérieur qui écrase.

Bien plus, c'est qu'on prétende ériger ce mode d'administration en système, en maxime, en règle suprême de conduite, et que pas une voix ne s'élève pour protester ; quoi qu'il m'en coûte, je serai cette voix : c'est celle d'une victime.

Par là je ne *foule pas aux pieds mon drapeau*, comme on me l'a dit : en effet, est-ce qu'attaquer l'arbitraire, c'est attaquer l'autorité? Mais au contraire, c'est la défendre : à mon avis, les plus mortels ennemis de cette autorité ne sont pas ceux qui osent la rappeler à l'observation des règles, pas même ceux qui la nient, mais ceux-là qui disent qu'il faut l'*adorer*.

Et pourtant si je savais être la dernière victime, je ne ferais point ce que je fais : je prendrais le parti de me taire et de souffrir en silence ; je me couronnerais de fleurs, et dans l'allégresse de mon âme, je courberais la tête sous le glaive du sacrifice. C'est du moins ce que demanderaient mon repos et mes intérêts ; car je prévois bien le sort qui m'attend : on voudra, à tout prix, étouffer ma voix ; pour rendre ma parole méprisable, on tentera de me couvrir de nouvelles hontes [1] : on usera contre moi de tous ses pouvoirs, de toutes ses foudres. — Je trouverai de l'écho dans certaines âmes, là où je désire uniquement en trouver ; mais une foule de badauds dont la cause est la mienne feront haro. A toutes ces rigueurs, qui sait s'il ne viendra pas s'adjoindre quelque chose de plus encore ?... Eh bien, tant mieux ! ce serait le complément de l'œuvre.....

Je serais moins résolu si je ne poursuivais qu'une satisfaction personnelle ; mais à mes yeux il y va d'une question de principe, question de droit, question de liberté, question de raison, question d'honneur sacerdotal, question de dignité humaine, choses saintes et sacrées auxquelles j'ai juré de sacrifier toujours et partout mon bonheur et ma vie.

[1] Mes prévisions se sont réalisées.

Au résumé, dans cette publication, non-seulement j'use d'un droit, celui de repousser la flétrissure et la honte imméritées, de quelque part qu'elles viennent, mais encore j'accomplis un véritable devoir de conscience.

Et advienne que pourra.

# MÉMOIRE JUSTIFICATIF

## I

### Origine présumée du débat : la moucharderie.

Ce que je vais dire, si vous le voulez, n'est qu'une conjecture ; mais il y a des conjectures qui sont des vérités, pour ce qui est de celle-ci on en jugera :

Un jour je dus aller porter ma messe à..... Plusieurs autres prêtres étaient appelés comme moi, et tout ce monde forma une certaine réunion. Que voulez-vous ? il y a de mauvaises circonstances, des heures néfastes, de malheureuses coïncidences ! Dans cette réunion, un de mes amis et moi nous nous fîmes du mal l'un à l'autre sans le vouloir, et voici comment [1]... Et moi de l'*autre*, j'eus le malheur d'acculer, d'humilier une *espèce* de

[1] Sur certaines observations qui m'ont été faites, j'ai dû supprimer plusieurs passages de ce chapitre, afin de ne compromettre personne : mais ce qui reste suffit à mon but.

personnage, justement, trop justement... mais il aurait fallu mieux comprendre mes intérêts, et savoir à qui j'avais affaire. Hélas! plût à Dieu que ce hâbleur eût eu en cette rencontre plus d'esprit que de coutume, et qu'au lieu de recevoir une seule humiliation, il m'en eut fait éprouver quatre !

Car c'était un *mouchard*, gent rancunière s'il en est une, qui ne vous pardonne rien, et trouve toujours le moyen de satisfaire sa vengeance. On présume — est-ce à tort — que mon individu recueillit avidement les mots de M. N..., les reporta en haut lieu, et, poussé par le ressentiment, m'entortilla moi-même dans son accusation. Ainsi, par je ne sais quelle fatalité, c'est un de mes amis qui fournit à ce triste sire l'occasion de se venger de moi, et c'est moi qui, sans le prévoir davantage, surexcitai contre cet ami l'agent de la moucharderie.

Mais... si vous n'aviez rien dit vous-même... — Non, je n'avais rien dit, au contraire... — Donc votre mouchard n'a pu vous compromettre... — Que vous êtes bon! vous, avec votre droiture de cœur et d'esprit, vous n'auriez pas pu, non; mais notre mouchard l'a pu, et voici, par exemple, comme il s'y est pris......

Admirez l'art des mouchards : voilà leur grand talent, voilà le privilége de leur conscience : c'est qu'ils peuvent toujours, quand ils le veulent, vous *calomnier au fond*, sans *mentir dans les termes*.

Mais enfin quelle que soit la manière dont le mouchard en question ait procédé, il faut croire qu'il réussit parfaitement à monter M. le Vicaire Général contre moi. Il est juste que je le dise, avant cela pourtant, ce dernier, déjà passablement prévenu par d'autres hommes de la *même confrérie*, n'était pas trop bien disposé en ma faveur; mais dès lors il y eut chez lui une incroyable recrudescence d'animation qui ne tarda pas à se manifester; en effet......

Malgré les *certaines* préventions de M. le Vicaire Général à mon égard, je ne pouvais me rendre compte de cette étrangeté, mais quelqu'un me l'expliqua, en me disant : « Hélas ! que j'aurai voulu pour beaucoup, dernièrement, pouvoir retenir la langue de M. N!... pourquoi donc une telle indiscrétion, en présence d'un tel mouchard ! elle lui sera fatale. Et vous aussi, monsieur le curé d'Autrey, vous ne porterez pas en paradis ce que vous lui avez dit : si amenée que soit la manière dont vous lui avez parlé, si méritées que soient les pointes que vous lui avez lancées, vous les payerez peut-être bien cher, car vous l'avez blessé au cœur. »

Et je compris que le sans-façon, évidemment délibéré, et le ton doucement ironique avec lesquels je m'étais permis de traiter ce personnage avait excité

chez lui un ressentiment gros de tempêtes ! ! ! Et l'évé-
nement prouva bientôt que je ne me trompais pas.

Cependant, je l'ai dit et je le répète, ce n'est point
que je doive regarder ce mouchard comme seul responsable de mes tracasseries et de mes souffrances ;
plusieurs autres gens de son espèce y ont contribué.
Seulement il y a cette différence entre ceux-ci et celui-
là, c'est que ceux-ci ont préparé l'orage, et que celui-
là l'a fait crever au-dessus de ma tête ; c'est que ceux-
ci ont amoncelé le fluide électrique, et que celui-là a
fait sur moi tomber la foudre ; c'est que ceux-ci ont
apporté plus ou moins de ramées au bûcher du sacri-
crifice, et que celui-là a jeté la mèche et allumé le
feu.

Mais, vont me dire certaines personnes, que signi-
fient ces odieuses suppositions ? Est-ce là-dessus que
vous prétendez asseoir votre cause ? — Suppositions,
je l'avoue, mais suppositions légitimes et trop fondées,
comme on le verra par la suite ; et mon intime persuasion, ainsi que celle de beaucoup d'autres, est que
les mouchards sont, en définitive, la cause véritable
de toutes mes affaires. Et plût à Dieu qu'ils ne fussent
pas celle de bien d'autres du même genre !

Soit cependant, puisqu'il en est de ceux-ci comme
des femmes de mauvaise vie, — chacun les tient pour
ce qu'elles sont, sans pouvoir précisément les convain-

cre soit donc, ces préliminaires sont à *prendre ou à laisser*, et je ne les donne ici que pour ne rien négliger de ce qui peut éclairer le lecteur. Non, ce n'est point par des suppositions, si motivées qu'elles soient, que je veux me défendre, mais bien par la production de pièces officielles et authentiques ; seulement je dois avertir ceux qui croiraient ne devoir tenir aucun compte de ce présent chapitre, que les choses que je vais ensuite raconter ne devront leur en paraître que plus anormales, plus inexplicables, et plus compromettantes pour qui de droit.

## II

### Cause avouée de mes histoires : l'examen

Je me hâte d'aborder la cause *officiellement avouée* de toutes les poursuites dirigées contre moi ; au fait, elle est la seule dont j'aie à tenir compte ici. Cette cause, c'est l'examen. Tout le monde sait qu'en vertu d'une récente institution, les prêtres qui n'ont pas huit ans de prêtrise doivent, chaque année, de toutes les parties du diocèse, se présenter, à jour fixe, au grand séminaire, pour y être interrogés sur telles matières données, et recevoir ensuite par la poste une bonne ou mauvaise note, accompagnée de quelques reproches ou de quelques compliments en forme de récompense ou de correction, selon qu'on croit qu'ils ont bien ou mal répondu. Voilà, parmi nous, ecclésiastiquement parlant, ce qu'on appelle l'examen.

Or, le 26 octobre 1554, j'avais à passer, pour *la dernière fois*, ce bienheureux examen. Si j'étais né peureux, c'eût été avec *tremblement* que j'aurais vu arriver ce redoutable jour ; car il tombait juste un mois après ce que j'ai rapporté dans le chapitre précédent ; j'avais tout lieu de craindre que M. le Vicaire Général, trompé et monté par le mouchard dont j'ai parlé, ne saisît cette circonstance, — elle était si belle ! — pour venger ses rancunes.

N'était-ce là qu'une appréhension chimérique ? Je ne le pense pas.

Quoi qu'il en soit, voici sommairement la manière dont je subis mon examen. Un des acolytes de M. le Vicaire Général, M. l'abbé N. me montrant du bout du doigt une énorme barette érigée en urne du destin, me dit : « Tirez un billet, Monsieur. » Après un mouvement d'hésitation qui me venait d'un sentiment que je n'ai pas besoin d'exprimer, je tire au sort. Il prend le billet, déroule une foule de questions qui y étaient contenues, et, reprenant la première, il ajoute : « Voyons, Monsieur, dites-nous d'abord ce que vous savez là-dessus. » Par ces dernières paroles, je jugeai que le parti était pris de me taquiner, et je répondis :

Tout ce que je sais là-dessus ne sera pas bien long ; et je me contentai de répondre rigoureusement à la question... — Continuez, Monsieur. — Voilà tout ce que j'avais à dire. — Voilà tout ce que vous savez ? — Si Monsieur le professeur veut bien m'adresser d'autres questions sur le sujet, j'essayerai d'y répondre ; mais, s'il me demande de faire un discours, une thèse *en forme*, je dois lui dire que je ne le puis. — Comment, Monsieur le curé, vous n'avez donc pas préparé vos matières ? — Je ne les ai pas précisément apprises de mémoire, et je ne me sens pas capable de les réciter comme une leçon.

A ces mots le grave professeur, aussi stupéfait que mécontent, s'arrêta... puis regarda M. le Vicaire Général, comme pour lui dire : « Laissez-vous passer tant d'audace ? » Ce dernier comprit de reste, puisqu'il me dit aussitôt : « Monsieur l'abbé, vous venez ici pour subir votre examen, et non pour nous faire des observations ; veuillez, Monsieur, répondre à la première des questions contenues dans votre billet, et nous dire, comme on vous le demande, *tout ce que vous savez là-dessus.* » — Je l'ai dit, Monsieur le Vicaire Général. — Eh bien ! passez à une autre question.

Et M. l'interrogateur, reprenant le billet que j'avais tiré, en lut la seconde question. J'y répondis comme à la première, c'est-à-dire sans essayer d'en faire l'objet de quelques minutes de verbiage, *en creusant le sujet,* sans me livrer, *par extension d'idées,* à des détails qui n'y étaient pas nécessairement inclus. Et de nouveau, M. le vicaire-général de me dire : « Voilà ce que vous savez là-dessus ; et vous croyez qu'il n'y a rien autre chose à donner sur cette matière. » — Je ne prétends pas cela du tout ; mais j'ai répondu, je crois, à la question qui m'a été posée, et j'attends qu'on ait la bonté de m'en faire d'autres auxquelles je m'empresserai de répondre également. Quant à parler d'une manière suivie sur la chose quelconque qui m'aura été simplement indiquée, je déclare de nouveau que je ne le puis. C'est à regret, Monsieur le vicaire-général, que je réitère une réflexion qui vous a déplu ; mais je suis forcé de répéter une seconde fois que les thèses et les discours ne s'improvisent pas. — Mais, *mon bon ami,* ce que vous dites, n'a pas le sens commun. Quoi ! vous êtes ici pour subir votre examen, et voilà qu'au lieu de satisfaire aux questions qui vous sont adressées, vous nous *présentez une fin de non-recevoir.* — Je ne présente nullement... — Allons, allons, encore une fois, nous vous dispensons de vos observations. Qu'on passe à une autre question.

Et M. l'interrogateur reprenant le billet que j'avais tiré, en lut la troisième question, à laquelle je répondis de la même manière qu'aux précédentes, et puis la quatrième, et puis la cinquième, ainsi de suite... Ainsi se passa mon examen tout entier, pour lequel seul on épuisa, grâce à la nouvelle méthode, toutes les questions d'un billet, dont le premier point venu aurait suffi à l'examen de plusieurs, si la bonne volonté des interrogateurs eût tant soit peu alimenté la matière au moyen des questions secondaires et dérivantes que le sujet pouvait suggérer.

Au milieu de ce déluge de questions, il y eut deux incidents qu'il est peut-être bon de noter ; je ne sais plus si c'est entre la quatrième et la cinquième question, ou entre la quinzième et la seizième.

Le fait essentiel est qu'ils eurent lieu.

Premier incident : J'avais donc avancé que les discours et les thèses ne peuvent pas toujours s'improviser, M. le Vicaire Général en conclut que je n'étais pas en état de faire le catéchisme ; et comme j'allais lui montrer que, sans pouvoir improviser les nombreux discours ou les nombreuses thèses qu'il me demandait, je pouvais cependant m'en tirer honorablement dans un catéchisme, il se hâta de m'interrompre par la parole sacramentelle : Passez à une autre question.

Deuxième incident : M. le Vicaire Général m'ayant demandé la définition de l'Incarnation, je crus pouvoir, en sûreté de conscience, donner celle de notre catéchisme, qui, dans toute sa simplicité, me semble aussi bonne et aussi claire que possible. Mais M. le Vicaire Général ne voulut point l'accepter, *sous prétexte que c'est là ce qui s'enseigne aux enfants et qu'elle n'était point théologique;* et comme je me disposais à lui en faire voir l'excellence, il m'interrompit de nouveau en disant : « Qu'on passe à une autre question. »

Ces deux incidents, je les rapporte sans commentaires ; ils n'en ont pas besoin.

Voilà comment je passai l'examen ! Eh bien ! qu'en dites-vous ? qu'en pensez-vous ? N'était-il pas décidé d'*avance* qu'on aurait lieu d'être mécontent de moi ? Ah ! c'est du moins vraisemblable ! En tout cas, il est certain qu'on s'y prit de telle manière qu'il ne dépendait pas de moi qu'on ne le fût point.

Car, en supposant que j'eussse préparé mon examen avec tout le zèle et toute l'ardeur imaginables, cela en vérité ne m'eût servi de rien, au moins pas à grand chose, pour contenter mes juges et mes pères ; en effet, ils me demandaient l'impossible ! En douteriez-vous encore quelque peu ; un instant de réflexion, et vous allez le comprendre facilement : supposez que c'est vous qui passez à l'examen ; représentez-vous qu'on vous ait assigné trois fois plus de matières que vous n'en pouviez étudier, comme cela arrive chaque année, c'est incontestable ; que vous arrivez là devant la vaste barette remplie de billets à questions; qu'on vous fait prendre au hasard un de ces billets, et puis que sur la première question venue on vous demande de parler d'une manière suivie, de faire un *discours*, une *thèse*, en vous aidant de ces mots : parlez là dessus, monsieur... Continuez, monsieur — de façon que pour suffisamment répondre il vous faille ou pouvoir improviser cette multitude de sujets, ou avoir logé dans votre pauvre tête ces mille et une thèses, pour les en tirer à l'heure voulue, comme on tire des écrevisses d'un réservoir. Et encore si cet immense programme vous eût été communiqué d'avance. Mais, autre difficulté : vous vous présentez là, sachant *in genere* sans doute, sur quoi doit porter votre examen, mais ne connaissant ni le plan des interrogateurs, ni l'ordre des interrogations, de sorte qu'on peut, cruel désappointement! vous *requérir* d'une proposition, d'une thèse là où l'auteur que vous avez suivi n'avait lui tout simplement qu'un premier ou dernier *hinc*. Faites donc une thèse avec un *hinc!* Voyons, si vous aviez eu à subir un semblable examen, concevez-vous que vous eussiez pu vous en tirer, et satisfaire ainsi malgré eux vos examinateurs? Eh! mon Dieu! mais qui pourrait soutenir une telle épreuve, résister à une pareille méthode? Ni vous ni moi, ni personne, pas même le savant professeur qui m'a interrogé, si bourré de théologie qu'il fût. Veut-il se mettre sur les bancs, et je parie cent contre un qu'avec ses propres procédés je mets, dans moins d'un quart d'heure toute son éloquence et toute sa science à sec, et le réduise à la nécessité ou de savoir se taire, ou de faire du *verbiage*, ce qui vaut beaucoup moins.

J'arrive à la conclusion qui est digne des prémisses :

— Monsieur l'abbé, je n'ai pas de compliments à vous faire sur votre examen. — Monsieur le Vicaire Général, je ne vous en demande point. — Vous laisseriez croire que vous êtes dépourvu de capacité et pourtant nous savons le contraire : une bonne fois vous devriez vous mettre sérieusement à travailler. — Je prie monsieur le Vicaire Général de croire que je travaille autant que la plupart des prêtres du diocèse, je pourrais peut-être dire autant que le premier venu. — Comment! vous voudriez nous faire accroire que vous travaillez? Nous prenez-vous pour des... — Je regrette sans doute que monsieur le Vicaire Général ne me croie pas, mais ma conscience me rend témoignage, et c'est beaucoup pour moi. — Vous travaillez, vous travaillez! si vous travaillez, montrez-le donc. — Je ne tiens pas précisément à le montrer ici, mais au besoin je puis le prouver ailleurs. — Est-ce que vous ne savez pas que monseigneur a le droit de vous demander ce que vous savez? — Monseigneur a le droit de s'assurer si chacun de ses prêtres a les connaissances requises pour exercer convenablement le saint ministère ; mais qu'on ait le droit de me faire passer chaque année un examen comme *celui que je viens de subir*, c'est au moins une chose contestable, je le crois, et puisque monsieur le Vicaire Général m'y force, j'oserai me permettre de le lui dire.

En réfléchissant sur cette petite aventure de mon examen, je ne voyais pas qu'il m'en pût arriver le moindre mal, c'est-à-dire d'autre mal, au pis aller, qu'une *mauvaise note*, et quelques reproches.

Quels ne furent pas mon étonnement et mon indignation, lorsque, dès le troisième jour après la dite séance, je reçus la lettre suivante :

Nancy, 28 octobre 1854.

« Monsieur le curé,

« Le résultat de votre examen ayant été communiqué à Monseigneur l'Evêque, Sa Grandeur a pris à votre égard les décisions suivantes :

« 1º Vous irez passer un mois chez les Ligoriens de St-Nicolas pour étudier vos matières : pendant ce temps, vous serez suspendu de vos fonctions pastorales.

« 2º Après ce mois révolu, vous passerez de nouveau à l'examen.

« 3º Si le résultat de votre examen est satisfaisant,

on vous donnera une nouvelle paroisse : dans le cas contraire, vous serez définitivement révoqué.

« Si vous n'avez pas d'octave des morts dans votre paroisse, votre suspense commencera le 3 novembre et vous vous rendrez ce jour-là à St-Nicolas pour jusqu'à la fin du mois; dans le cas contraire, elle commencera le 10 et durera jusqu'au 10 décembre.

« Je vous invite à vous entendre avec vos voisins les plus à portée de faire le service dans la paroisse et dans l'annexe pendant votre absence.

« Recevez mes salutations empressées.

« L. A. DELALLE, »

Vicaire-Général.

## III

### Votre examen, voilà votre crime! en quoi? comment? cherchez-le.

Si des égards obligés ne m'empêchaient de m'abandonner à mes inspirations, que d'ironies et de sarcasmes j'eusse déversés sur cette fameuse lettre; mais souviens-toi, ma plume, qu'il s'agit d'un supérieur et ne sors pas des bornes du respect, je te le recommande.

Toutefois rien ne peut s'opposer à ce que je demande aujourd'hui raison à M. le Vicaire Général de cette suspense et de ce mois de prison dont il me frappe dans sa curieuse épître.

Suis-je coupable ou non? si je ne suis point coupable, pourquoi me frappe-t-il? et si je suis coupable, en quoi le suis-je? Il nous dit, il est vrai, que ces affreuses sentences prononcées par lui contre moi, et ces hontes nombreuses dont il me couvre, sont la suite de mon examen. Il prétend donc que mon examen est un crime! mais encore une fois qu'il nous indique où il voit ce crime dans mon examen ; ce crime, je l'y cherche et je ne l'y trouve point. Dans mon examen, il y a deux choses : l'examen en lui-même et puis le petit dialogue qui suivit et dont j'ai parlé.

Or, mon examen en lui-même, est-ce là mon crime? — Oui, c'est cela : vous n'avez pas bien répondu aux questions qui vous ont été adressées. — Je n'ai pas bien répondu! Et moi je prétends que d'après la manière dont on m'a interrogé j'ai répondu tout aussi bien qu'il était moralement possible de répondre, mieux en tout cas que d'autres fois où cependant j'ai eu des notes satisfaisantes. Et quand même je n'aurais pas suffisamment répondu, est-ce là un crime? Un crime! mais les auteurs de la loi n'en ont pas jugé ainsi, puisqu'ils ont pensé que la plus grande peine qu'ils pussent infliger à celui qui n'aurait pas bien répondu, était d'exiger de lui qu'il recommençât son examen. Un crime! mais M. le Vicaire Général ne pourrait le prétendre sans faire rire tout le monde et sans rire lui-même! — Eh bien, non, ce n'est *pas cela*, ce n'est *pas précisément cela*, ce n'est *pas pour cela* que vous avez été suspens et condamné à un mois de prison; vous le savez bien. — Je le sais bien! Non je ne le sais pas! Mais si vous même savez bien pourquoi vous me frappez, dites-le nous, M. le Vicaire Général. — Vous avez nié les droits de votre Évêque, et attaqué par là l'autorité de Sa Grandeur. — J'ai nié les droits de mon Évêque! En quoi, s'il vous plaît? J'ai nié les droits de mon Évêque! mais au contraire, je les ai proclamés! Ah! pour l'amour de Dieu, point de confusion, M. le Vicaire Général, voyons, qu'ai-je dit? Le voici : « Monseigneur a certainement le droit de s'assurer si chacun de ses prêtres a les connaissances requises pour exercer convenablement le saint ministère, » est-ce là ce que vous appelez nier les droits de mon Évêque? — Non, mais continuez de reproduire ce que vous avez dit à l'examen ; vous avez ajouté autre chose. — Soyez sans crainte, je ne le renie pas, et je vais le répéter franchement ; j'ai ajouté : « Mais, qu'on ait le droit de me faire passer *chaque année* un examen *comme celui que je viens de subir*, c'est au moins une question contestable, je le crois, et puisque M le Vicaire Général m'y force, je me permettrai de le lui dire. » — Et vous viendrez nous dire qu'ayant ainsi parlé de l'examen, vous n'avez pas nié les droits de votre Évêque! — Je me permettrai d'abord de faire observer à M. le Vicaire Général qu'il donne à mes paroles une portée qu'elles n'ont pas, puisqu'elles ne vont point au-delà d'un doute, qu'ainsi il faut laisser de côté ce superbe mot à effet : *nier*; car, à mon avis, dire qu'une chose nous paraît contestable, ce n'est pas la nier [1]. Et, cette observation faite, j'aurai l'honneur de lui demander si avoir révoqué en doute la légitimité de l'examen qu'on me fait subir, c'est bien là mon péché, tout mon péché! — Comment, monsieur, tout votre péché! Croyez-vous qu'il ne suffise pas pour vous rendre bien coupable! Et après avoir si témérairement et si audacieusement attaqué, dans l'examen, une mesure, une institution épiscopale, osez-vous encore tenir ce langage!!... — A l'observation que me fait M. le Vicaire Général, je n'ai rien à répondre pour le moment, et il ne me reste qu'à m'incliner pour le remercier de m'avoir dit enfin précisément en quoi j'ai si grièvement péché.

[1] M. le Vicaire Général soutiendra peut-être que j'ai exprimé plus qu'un doute ; s'il y tient absolument, j'y consens : après tout, la chose ne me fait ni chaud, ni froid!

# IV

**Voilà donc mon péché, le voilà! je le sais maintenant: on me l'a dit..... mais, ô mes frères, ô mon père, est-ce qu'il est bien vrai qu'en cela j'aie péché?**

Impartial lecteur, vous avez cherché avec moi quel est mon crime, et vous venez d'apprendre que c'est d'avoir *douté* d'un droit de mon Évêque, en *doutant* que je sois tenu de passer à l'examen, *comme on m'y fait passer*, voyons donc :

1º Si en *doutant* que je sois tenu de passer à l'examen *comme on m'y fait passer*, j'ai *douté* d'un droit de mon Évêque ;

2º Si, dans l'hypothèse qu'en *doutant* que je sois tenu de passer à l'examen, *comme on m'y fait passer*, j'aie *douté* d'un droit de mon Évêque, ce serait là un crime de ma part.

## Premier point.

En *doutant* que je sois tenu de passer à l'examen, *comme on m'y fait passer*, ai-je *douté* d'un droit de mon Évêque?

§ I<sup>er</sup>. *Etat de la question : sur quel terrain je me place, ou au nom de quel principe j'entends pouvoir douter de la légitimité de l'examen qu'on me fait subir.*

En *doutant* de la légitimité de l'examen susdit, je

n'ai *douté* d'un droit de mon Évêque qu'autant que cet examen est un droit de mon Évêque, est-ce clair? Or, qu'un examen *comme celui* qu'on me fait passer depuis plusieurs années soit un droit épiscopal, qui oserait l'affirmer, est-ce M. le Vicaire Général *lui-même*, en y réfléchissant mieux? mais je n'entends sommer personne de me dire le fin mot de sa pensée sur une semblable question; tout ce que je demande, c'est qu'on me permette de l'examiner moi-même.

Précisons d'abord les choses :

De ceux qui subissent annuellement cet examen, les uns ont été ordonnés avant son institution, les autres après : or, ces derniers peuvent-ils y être soumis légitimement? C'est un point que je laisse de côté, et je me borne à chercher si c'est légitimement qu'on fait peser cet examen si étrange, cet examen de *gamin* sur ceux qui étaient déjà prêtres avant son établissement; non pas déjà que je pense qu'il soit beaucoup plus obligatoire pour les uns que pour les autres; mais — outre que je n'ai pas à me mêler de ce qui ne me regarde pas personnellement — c'est que, s'il pouvait l'être en quelque façon, ce serait pour ceux qui n'auraient pas encore reçu la prêtrise avant qu'il fut institué. Voici, en effet, ce qu'on pourrait peut-être leur dire : « Quiconque entre dans l'état ecclésiastique, connaissant telle ou telle institution, celle de l'examen, par exemple, est censé se soumettre par là même aux obligations qu'elle lui crée dans l'avenir; *autrement* il aurait dû faire ses réserves, et, ne fût-ce que par convenance et délicatesse, prévenir de ses dispositions. »

Mais imposer ce même examen à ceux qui étaient prêtres avant son établissement, c'est leur imposer un fardeau qu'ils n'ont pu prévoir avant de contracter leur irrévocable engagement, fardeau extrêmement lourd *par la manière dont on les oblige à le porter*, si *lourd* que plutôt d'en être chargés, ils eussent peut-être reculé devant leur promotion au sacerdoce, ou du moins parcouru les quatre parties du monde, un bâton à la main, pour trouver une terre où l'on respectât davantage la dignité de l'homme et le caractère sacré du prêtre.

Eh bien, doit-on croire qu'il soit permis à aucun pouvoir, à aucune puissance sur la terre, divine ou humaine, de surprendre ainsi la liberté et la bonne foi des hommes? Ce n'est pas là ce qu'on pense dans tous les pays civilisés; car, qui ne sait que pour ménager cette liberté et cette bonne foi des hommes, on y a admis partout comme une maxime, comme un axiôme, tant au civil qu'au religieux : *Que les lois n'ont pas d'effets rétroactifs ;* de ce que je dis il y aurait à citer des milliers d'exemples, mais je me contente d'un seul fait qui, par sa gravité, peut tenir lieu de tous les autres, sans compter qu'il est tout récent et va parfaitement bien à mon sujet : On sait qu'un homme de Dieu, général d'un ordre célèbre, a voulu naguères amplifier la règle de sa société, sous prétexte de l'élever à une plus haute perfection ; mais les vétérans de la compagnie, moins zélés, ou plus prudents, ont fait opposition, en disant : « Qu'ils avaient promis de vivre sous telle constitution, d'observer telle règle, mais non pas telles autres qu'on y voudrait substituer ; que par conséquent on pourrait faire jurer aux aspirants la nouvelle constitution et la nouvelle règle, ou les modifications apportées à celles qui existaient, mais non les rendre obligatoires pour les anciens religieux qui ne croiraient pas devoir s'y soumettre. » On a compris qu'ils étaient dans leur droit, et ce droit, on l'a respecté.

Maintenant, dites-le moi, seraient-ils plus dans l'erreur que ces bons religieux, tous ceux qui étaient ordonnés avant la création de cet examen, si, s'appuyant de l'autorité et de l'exemple de ces moines vénérables, ils disaient : « Cet examen, qu'on l'impose pour l'ave-
» nir à ceux qui aspirent à la prêtrise ; qu'on en fasse,
» si l'on veut, la condition *sine quâ non* de leur éléva-
» tion au sacerdoce ; ils verront le parti qu'ils ont à
» prendre. Que ce soit bien ou mal, légitime ou non,
» c'est leur affaire et non la nôtre, et cela ne nous re-

» gardant pas absolument, nous n'avons pas à expri-
» mer ici notre opinion : Mais pour ce qui nous con-
» cerne, voici : *Nous étant engagés dans la sainte milice*
» *sans avoir pu deviner et par conséquent peser l'obli-*
» *gation d'un nouvel* ÉCOLAGE, *nous ne pensons pas*
» *qu'on ait aujourd'hui le droit de nous y astreindre.* »
— Ah! que dites-vous malheureux, que dites-vous!
où iriez-vous avec une pareille manière de voir? Chacun pourrait donc regarder comme non-avenues les
lois qui n'auraient pas été portées avant son ordination. — Pas précisément, pas les lois, *mais telle loi.*
— Et vous croyez que cela est soutenable et admissible!
mais, à défaut de votre théologie, vous ne savez donc
pas même votre catéchisme? — Allons, allons, point
d'injure! Je sais encore un peu ma théologie, ne vous
en déplaise ; et je possède au moins mon catéchisme, —
Eh bien, monsieur, si vous savez votre catéchisme,
vous ne devez pas ignorer qu'il enseigne que *le Pape*
*peut faire des lois dans l'Eglise* et *l'Évêque dans son dio-*
*cèse.* — Et vous, monsieur, si vous comprenez votre
catéchisme, vous devez savoir vous-même que si l'É-
vêque peut faire des lois dans son diocèse, c'est uniquement dans les choses qu'il a le pouvoir de rendre
obligatoires, c'est-à-dire dans les choses où il *peut faire*
*des lois.* — Monsieur, votre réflexion serait-elle vraie
par rapport aux laïques, elle ne l'est pas pour vous

prêtre. — Oh! c'est plaisant! parce que je suis prêtre, vous pensez donc qu'on peut tout exiger de moi! — Le jour de votre ordination, vous avez promis à votre évêque une obéissance que, sans cette promesse même, il aurait encore le droit d'exiger de vous, en votre qualité de prêtre. — Oui, je le sais tout aussi bien que vous, oui, je dois obéissance à mon évêque à un double titre, et comme prêtre, et en vertu de la promesse que j'ai faite, mais, encore une fois, pas obéissance en toutes choses néanmoins, mais là seulement où elle m'est légitimement demandée. — Monsieur, il ne vous appartient pas de limiter la puissance de votre évêque, de restreindre son autorité. — Et vous, Monsieur, vous appartient-il plus de les rendre sans bornes?.... Mais ne vous fâchez pas, je vous prie, laissez-là vos saintes colères, et poursuivons tranquillement le cours de notre discussion.

Voici donc la question que je vous pose: *La puissance et l'autorité de l'Évêque sur ses prêtres sont-elles sans limites?* — Non Monsieur, et ce n'est pas ce que je prétends; mais je soutiens que ce n'est pas à vous à définir la puissance épiscopale, et à dire à un Évêque: « Votre autorité s'étend jusqu'ici, mais pas jusque là; vous avez le droit de me demander ceci, mais pas cela.» Voulez-vous dire que, dans la discussion de ses droits, il vaut mieux se tenir en-deçà que d'aller au-delà? Je vous l'accorde ; qu'en pratique, lors même qu'on nous impose, aussi durement que possible, comme *devoirs*, plusieurs choses qui ne sont pas des *devoirs*, il est encore bien d'obéir ; je vous l'accorde encore : *non est hic de hoc disputandum ;* car si vous faites de cette obéissance une vertu, j'en ai le mérite, et si vous en faites un tort, je m'en avoue coupable.

Ou bien voulez-vous dire que tout ce qui nous est prescrit par l'autorité, il faut le supposer légitime au point qu'il ne nous soit permis *ni doute ni examen.* — Je veux dire qu'il ne vous appartient pas de vous faire juge de l'autorité.—Vous admettez cependant que cette autorité, n'étant ni infaillible ni impeccable, peut outrepasser ses pouvoirs, et exiger quelquefois des choses qui ne sont ni justes ni raisonnables ; mais qu'importe? vous dites qu'il faut, non-seulement ne point refuser obéissance, mais trouver que tout est bon, que tout est bien, ne rien révoquer en doute, ne rien examiner,—ne s'aviser d'aucune de ces humbles représentations, qui tendraient à faire respecter nos droits, ou si vous aimez mieux, à montrer à l'autorité qu'elle passe la ligne de nos devoirs. — La, la, la ! Je dis que tous ces mots, *doute, examen, faire reconnaître ses droits,* sonnent fort mal dans la bouche d'un prêtre : ainsi parlent et agissent les hommes à l'esprit propre, à l'esprit de secte, les hommes de raison, les philosophes, les protestants;

mais le prêtre, le bon prêtre ne sait qu'obéir et faire purement et simplement la volonté de ses supérieurs. Et pour ce qui vous regarde personnellement, Monsieur, je ne puis que vous désapprouver énergiquement ; je vous blâme de vous être exprimé sur l'examen comme vous l'avez fait, et plus encore de ne vous être pas humblement soumis à *toutes* les décisions, à *toutes* les mesures que vos regrettables paroles ont, dans la suite, provoquées contre vous de la part de l'autorité.

— Et moi, Monsieur, je ne vous blâme ni de semblables opinions si déraisonnables qu'elles me paraissent, ni de semblables appréciations si défavorables qu'elles me soient ; mais dussiez-vous me tenir pour un homme de raison, et presque aussi philosophe, aussi protestant que ces graves et saints religieux, dont j'ai parlé un peu plus haut, je vous plains d'être capable des unes et des autres. Après quoi je n'ai sûrement pas besoin d'ajouter que vos pieuses théories et vos touchantes remontrances ne peuvent me faire sortir de mon doute sur l'examen, ni même me détourner aucunement d'examiner si *pour avoir osé exprimer ce doute*, j'ai mérité *la suspense* et la *prison* de Saint-Nicolas ou de Bosserville ! ! !

### § II. *Deux sortes de contradicteurs.*

Je viens de vous dire, cher lecteur, au nom de quel

principe j'entends pouvoir douter de la légitimité de l'examen qu'on me fait subir : *C'est qu'une loi, surtout une loi qui impose des obligations très-graves et très-pénibles, ne peut avoir, ecclésiastique ou non, d'effets rétroactifs.*

Mais les patrons de l'examen, et les prétendus amis de l'autorité nient — les uns la vérité du principe, en disant, comme vous venez de l'entendre, *qu'un bon prêtre ne contrôle point l'autorité, ne s'en établit pas juge, mais fait purement et simplement la volonté de ses supérieurs,* — les autres seulement la justesse de l'application que j'en fais, soutenant que la nouvelle institution imposée à ceux qui étaient ordonnés avant sa promulgation n'a rien de rétroactif.

Donc 1° un petit mot aux premiers, après quoi 2° nous examinerons ensemble l'assertion des seconds.

### § III. *Première espèce de contradicteurs.*

Je vous ai dit, cher lecteur, que nous en finirions vite avec ceux-ci : c'est qu'ils ne peuvent être pris au sérieux :

Ils affirment donc qu'une loi, même une loi qui crée des obligations aussi graves et aussi pénibles que celles de l'examen, peut avoir des effets rétroactifs, *parce qu'un* BON *prêtre ne contrôle pas l'autorité, ne s'en fait*

*pas juge, mais accomplît purement et simplement la vo-*
*lonté de ses supérieurs.*

Puisqu'ils aiment la simplicité, simplifions leur phrase ; car elle est une de celles dont il n'est besoin que de préciser la signification, pour en faire voir la valeur ou la banalité. Cette phrase, que signifie-t-elle ? prise à la lettre, elle serait d'un ridicule et d'un absurde parfaits, *comme bien d'autres de la même famille;* en effet, qu'on juge ou qu'on ne juge pas, qu'on contrôle ou qu'on ne contrôle pas, cela ne change rien à l'essence des choses, et ne peut faire que ce qui n'est pas un devoir, soit un devoir, que ce qui n'est pas un droit soit un droit, et, par application, que la loi de l'examen ait légitimement des effets rétroactifs, si elle ne doit pas avoir d'effets rétroactifs.

La lettre tue, va-t-on me dire, mais l'esprit vivifie ; ne prenez donc pas cette phrase à la rigueur, mais dans son sens moral !... Eh bien, que signifie-t-elle dans son sens moral ? De deux choses l'une :

Ou l'on veut dire par là qu'un *bon* prêtre, plutôt que de faire scandale, préfère se soumettre à ce qu'on exige de lui, quand on ne lui demande rien d'évidemment contraire à sa conscience, ou à son honneur, mais, outre que c'est se servir de termes fort extraordinaires et fort suspects pour exprimer une chose très-simple, que s'en suit-il ? Qu'on a prouvé qu'une loi, surtout une loi comme celle de l'examen, est susceptible d'effets rétroactifs? Tant s'en faut, qu'on n'est pas même à la question, à moins que selon l'absurdité, précédemment signalée, et que personne ne voudrait, je pense, prendre pour son compte, on ne prétende que c'est la soumission à une loi, qui en fait la justice et le droit.

Ou bien, comme on a paru très-fort nous le faire entendre dans le paragraphe précédent, on veut dire qu'un *bon* prêtre, non seulement obéit, subit certaines exigences, mais encore fait abdication de ses *lumières propres* au point qu'il tient *tous* les actes et *toutes* les prescriptions de l'autorité comme conformes à la vérité et au droit, quoi que lui en dise son intelligence, — et qu'il regardera, par exemple, comme justement astreints à l'examen, ceux qui étaient ordonnés avant son institution, quoi que lui en disent *sa raison et son bon sens* : dans ce cas, pour tirer une formule nette et précise de la bienheureuse phrase dont nous cherchons la signification, voici de quelle manière il faut la traduire : *Qu'importe ce que nous crie là-dessus notre esprit propre, puisque l'autorité a jugé à propos de donner à la loi de l'examen des effets rétroactifs, nous devons croire qu'elle peut en avoir, soumettant ainsi notre intelligence à celle de nos supérieurs.* »

Voilà donc, au fond, la pensée de cette première espèce de contradicteurs. Eh bien, est-ce qu'il ne suffit pas, comme je j'ai dit, de l'avoir dégagée de ses atours mystiques et un peu embarrassés, pour en avoir montré l'exagération et la fausseté? car, en dernière analyse, au nom de quoi prétendent-ils faire violence à ma raison, et m'imposer *sous peine de n'être pas* BON *prêtre* de *croire* que la loi sur l'examen peut avoir des effets rétroactifs? — Au nom de ce qu'on appelle l'obéissance aveugle ; or, que l'obéissance aveugle soit ou non une vertu dans ceux qui sont trempés de façon à pouvoir la pratiquer — ce qui de notre temps me paraît une chose difficile — c'est là une de ces perfections transcendantes sans laquelle je pense qu'on peut être encore bon prêtre : autrement il n'y aurait plus à rougir de ne l'être point : tant on se trouverait en grande, belle et bonne compagnie, et.... Mais, assez, assez ! admirez cher lecteur, ce que c'est que l'entraînement ! Je ne voulais dire « à ces bonnes gens qu'un mot en passant » et en voilà trente-six ; mais enfin, ne vous impatientez pas, à l'instant nous les quittons, pour courir au devant d'autres contradicteurs, qui semblent nous attendre d'un pied un peu plus ferme.

## § IV. *Seconde espèce de contradicteurs.*

Ceux-ci ne m'imposent plus, sous peine de n'être pas *bon* prêtre, de sublimes perfections, ou de sublimes niaiseries : ils ne m'imposent plus sous peine *d'être damné*, la raison ou la déraison d'autrui ; ils ne me demandent plus, au nom du ciel, l'abdication de mon intelligence et de mon bon sens, et s'ils ont au sujet de la nouvelle institution un sentiment qui diffère du mien, au moins ils me permettent de le discuter. Ils ne nient pas même le principe que j'ai posé, comme base de la discussion, mais seulement la justesse de l'application que j'en fais à la loi de l'examen, qui, d'après eux, peut s'étendre aux prêtres qui étaient ordonnés avant sa promulgation, tout comme aux autres, sans qu'on puisse prétendre qu'elle a pour cela des effets rétroactifs. Bref, ces nouveaux champions de l'examen sont infiniment plus sérieux et plus dignes d'être pris en considération que ces chevaliers illuminés, à qui nous venons d'avoir affaire ! Mais pour être plus modérés, plus sages, plus raisonnables, sont-ils plus dans le vrai, quand ils affirment que la loi de l'examen, appliquée à ceux qui étaient prêtres avant sa promulgation, ne doit pas néanmoins être considérée comme ayant des effets rétroactifs ?

C'est ce que nous allons examiner, impartial lecteur, toujours en vous prenant pour juge.

### § V. *Leur très-ingénue manière de raisonner.*

Ils me disent que l'examen qu'on me fait subir n'a rien de si étrange et de si nouveau, rien qui ne soit pleinement des attributions de l'autorité et du domaine de cette obéissance que tout ecclésiastique doit à son évêque, non seulement en vertu du *Promitto*, mais parce qu'elle est de l'essence des choses. Ainsi, cet examen n'est qu'une de ces obligations que mon évêque peut légitimement m'imposer *par cela seul que je suis prêtre*, une de ces prescriptions qui, à la vérité, n'existaient pas de fait pour le clergé du diocèse du temps où je m'engageai dans la sainte milice, mais qui de droit pouvaient exister : or, en recevant la prêtrise, j'ai dû savoir ce que je faisais, et supposer par conséquent que certaines lois qui n'existaient pas encore, pourraient fort bien être portées, que certaines prescriptions auxquelles personne ne songeait pourraient fort bien être établies, selon les circonstances, le besoin des temps, et les inspirations de l'autorité ; d'où il suit que je ne peux reprocher à la nouvelle institution, d'avoir à mon égard des effets rétroactifs, puisque je l'ai prévue ou que j'ai dû la prévoir, du moins implicitement, en supposant bien, comme nous l'avons dit tout-à l'heure, que beaucoup de choses qui n'étaient pas obligatoires, à l'époque de mon ordination, pourraient le devenir plus tard, et que l'ayant ainsi prévue, ou qu'ayant dû la prévoir je suis censé m'y être doublement soumis d'avance et par le fait de ma libre entrée dans l'état ecclésiastique, et par la promesse d'obéissance faite par moi aux pieds du pontife, — comme à toutes les prescriptions légitimes qui auraient lieu dans la suite. »

Argumentation fort claire! Facile et commode manière de raisonner! C'est dommage qu'elle ne prouve rien. Ai-je besoin de le montrer ? Voici donc en résumé ce que l'on me dit : « Que cet épouvantable examen qu'on me fait subir chaque année, n'est qu'une charge très-ordinaire et très-légitime ; qu'en entrant dans l'état ecclésiastique, si j'ai de l'intelligence, je dois avoir prévu qu'on m'en imposerait de pareilles : d'où il suit que m'étant fait prêtre malgré cette prévision, et de plus ayant solennellement promis obéissance, l'obligation de me soumettre à la loi de l'examen découle de ce libre engagement et de cette libre promesse même comme l'eau de sa source, — et n'est plus qu'une de ces choses qu'on a le droit d'exiger de moi en vertu du *Promitto* et même par cela seul que je suis prêtre. »

Ah ! vraiment la conclusion est bonne... si les prémisses sont vraies!... mais... mais... le sont-elles ! Est-il vrai que l'examen qui pèse sur moi est une de ces obligations, une de ces charges auxquelles *j'ai dû m'attendre*, même implicitement, *in globo*, et qu'on ait par conséquent le droit de m'imposer maintenant à un double titre et par cela seul que je suis prêtre, et en vertu de ma promesse d'obéissance? Si cela est vrai ! mais voilà précisément la question ; voilà précisément la chose dont je doute, et qu'il eût fallu me prouver avant de conclure contre moi que la loi de l'examen n'a pas à mon égard des effets rétroactifs.

Ainsi réduisant à sa plus simple expression la manière de raisonner de mes contradicteurs de la seconde espèce, nous voyons qu'elle revient absolument à ceci, savoir : *La loi de l'examen* N'AYANT PAS *d'effets rétroactifs,* N'A PAS *d'effets rétroactifs.*

J'ose croire qu'une semblable façon de raisonner ne prouve pas que la loi de l'examen n'a pas d'effets rétroactifs ! ! ! Toutefois, elle ne prouve pas encore *rigoureusement* qu'elle en a, et *si elle en a ou n'en a pas,* reste, jusqu'à un certain point, une chose non résolue, et qu'il nous faut voir.

§ VI. *Qui a raison, de ma seconde espèce de contradicteurs ou de moi? en d'autres termes, la loi de l'examen appliquée à celui qui était ordonné avant sa promulgation a-t-elle des effets rétroactifs ou n'en a-t-elle pas, comme ils l'affirment si gratuitement.*

Ces derniers contradicteurs, bien que différents des premiers, ont donc avec eux ceci de commun, c'est que, comme eux, ce qu'ils disent, ils l'affirment sans preuves : ils disent que la nouvelle institution n'a pas d'effets rétroactifs parce que l'examen qu'elle fait peser sur moi, est une de ces obligations, une de ces charges auxquelles j'ai dû nécessairement m'attendre en entrant dans l'état ecclésiastique ; mais ce *parce que*, le prouvent-ils? ils n'y songent même pas. Eh bien, puisque de leur côté ils négligent de me montrer qu'ils ont la vérité, il faut donc que du mien j'examine si je suis dans l'erreur, à moins que je ne laisse la question pendante entre leur affirmation et la mienne, ce qui ne ferait pas mon affaire, ni celle du public.

Et cependant je sens que ma tâche est délicate!!! Ah! combien je regrette d'être forcé de l'entreprendre! Car pour arriver à connaître qui a raison de mes contradicteurs ou de moi, je vais être obligé de rechercher *secundum quid* ce que peut ou ne peut pas un évêque. Or, aux yeux de certaines gens, ne semble-t-il pas que l'autorité des évêques soit un sanctuaire, où il n'est point permis de pénétrer; une espèce d'arche sainte devant laquelle il faut se voiler la face; l'autorité du pape, à la bonne heure, on peut la discuter, la définir, mais celle des évêques, halte-là! Eh bien, oserais-je, moi, le fils de Cis..... *J'oserai*. Quoi! est ce que David, pressé par la faim, n'a pas mangé les pains de *proposition?* La flétrissure est pire que la faim, pire que la mort, et l'honneur sacerdotal plus précieux que la vie!... J'espère donc qu'en se souvenant de la position qui m'a été faite, on me pardonnera de fouler, au besoin, pour un instant, et avec toute la circonspection possible, ce nouveau sanctuaire, de porter pour un instant un regard respectueux sur cet autre arche sainte, qui s'appelle l'autorité épiscopale, afin d'en apprécier l'étendue. C'est du moins avec cette confiance que j'aborde la question de savoir :

*Si la loi de l'examen, appliquée à ceux qui étaient ordonnés avant sa promulgation a des effets rétroactifs ou non :*

En d'autres termes : *Si le pouvoir de l'Évêque sur ses prêtres est tel, qu'en m'engageant dans le sacerdoce, j'aie dû m'attendre à des institutions, à des lois, à des obligations, à des charges du genre de celle de l'examen :*

Sans doute, en me faisant prêtre, j'ai dû savoir que je renonçais *à une partie* de ma liberté ; que même indépendamment de mon *Promitto* [1], je donnais à l'évêque des droits sur moi, comme l'Eglise en a également sur lui : mais devais-je supposer qu'ils allassent jusqu'à ce point, qu'il puisse exiger de moi légitimement des choses pareilles à l'examen qu'on me fait subir chaque année? Pour résoudre un *tel* problème il faut partir d'un principe.

Il est certain que l'Évêque a des droits sur ses pré-

---

[1] Car, pour le dire en passant, ce *Promitto*, à mon avis, confirme nos devoirs, mais n'y ajoute rien.

tres, *mais non moins certain* qu'il n'a pas *tous* les droits possibles : Or, quelles sont les conditions du droit de l'évêque, ou du devoir de ses prêtres, car c'est identique! Voilà ce qu'il faut connaître pour être à même de déterminer l'autorité de l'un et l'obéissance des autres. Eh bien, quelles sont les conditions du droit de l'évêque? Quand est-ce que ses prescriptions deviennent pour le prêtre des obligations légitimes? Je n'ai pas précisément ici la prétention de le dire; non, qu'on ne m'en suppose point la pensée; mais puisqu'on me reproche comme un crime digne de toutes les rigueurs et de toutes les flétrissures d'avoir osé *douter* de la légitimité d'une prescription épiscopale, je veux poser à la raison de mes supérieurs et à la conscience publique quelques simples questions qui répondent à mes doutes et à la nécessité où je suis de me justifier.

# PREMIÈRE QUESTION.

## Le droit de l'Évêque.

Dans l'Église rien ne se fait, rien ne s'ordonne, rien ne s'impose qui n'ait pour but la sanctification et le salut des hommes : *porró unum est necessarium.* Il va sans dire que l'évêque agissant au nom de cette Église, ne doit prescrire, imposer que ce qui tend vers ce but. Mais ce qui se rapporte à la sanctification et au salut des hommes, peut-il être absolument commandé à un prêtre? Comme tel il a, je le sais, plus de devoirs que le simple fidèle, et l'Évêque a le droit d'exiger de celui-là ce qu'il ne pourrait demnder à celui-ci ; car le prêtre, déjà plus tenu que le commun des chrétiens à ce qui est de sa propre sanctification, a, comme ministre de la religion, encore une grande mission à remplir envers les *autres*, devant Dieu et devant les hommes, celle de travailler à la sanctification et au salut de ses frères. *Néanmoins*, l'Évêque et qui que ce soit sur la terre, a-t-il le pouvoir de lui imposer *toute chose*, qui aurait pour objet, d'une manière plus ou moins éloignée, soit sa propre sanctification, soit l'obligation où il est de travailler à la sanctification et au salut des autres? En d'autres termes : un évêque, chargé de veiller à ce que ses prêtres remplissent la divine mission qui leur est confiée, prend certaines mesures, adopte certaines dispositions, établit certaines règles, fait certaines lois qui se rapportent à cette fin ; or, je suppose que plusienrs d'entre elles ne sont pás ce qu'on appelle nécessaires[1] quoique pas tout à fait inutiles, en ce sens qu'elles tendent plus ou moins à faire faire une plus grande somme de bien, et je demande si elles sont rigoureusement obligatoires? Car admettre

---

[1] *Nécessaires*, c'est-à-dire que sans celles-ci il ne puisse avoir, autant que possible, des prêtres qui s'acquittent largement des devoirs de leur charge.

que l'évêque ait le droit, non-seulement de veiller à ce que ses prêtres soient en état de remplir, et remplissent convenablement leur fonctions pastorales, *mais encore* d'exiger, sous prétexte de leur faire opérer l'œuvre de Dieu plus abondamment, qu'ils soient dans de *certaines conditions transcendantes*, — ne serait-ce pas prétendre qu'il a le droit de leur imposer la *Perfection*, pour ce qui tient aux choses du ministère ? Or, la *Perfection* peut-elle s'imposer ici plus qu'ailleurs ? le prétendriez-vous par hazard ! Voici ce que je vous dis :

Il serait de la perfection que le ministre de Dieu vendît son bien et le donnât aux pauvres ; eh bien, trouveriez-vous bon que l'on vous fît cette prescription, l'évêque, si vous êtes prêtre, et le pape, si vous êtes évêque : « Prenez vos inscriptions, faites rentrer vos capitaux, et servez-vous de cet or et de cet argent pour étendre le royaume du ciel et gagner des âmes à J.-C. »

Il serait de la perfection que le ministre de Dieu fût mortifié et austère comme un moine des premiers temps ; eh bien, trouveriez-vous bon que quelqu'un vous fît cette prescription, l'évêque si vous êtes prêtre, et le pape si vous êtes évêque : « Ne buvez plus que de l'eau ; abstenez-vous de viande ; ne vivez que de légumes ou de racines, et couchez sur la natte. »

Et cependant de deux choses l'une : ou la perfection

ne s'impose point, pas plus à ceux qui sont chargés du ministère qu'aux autres, ou bien il faut vous résigner à ce qu'on vous demande, en convenant qu'il n'est plus rien qu'on ne puisse requérir d'un prêtre, plus de sacrifice, plus de charge, plus de contrainte d'aucun genre qu'on ne puisse lui imposer. Autrement, qu'on me dise à quel degré de perfection on devra logiquement s'arrêter, ainsi, par exemple :

L'esprit de solitude convient à un prêtre : celui-là néanmoins qui ne sort qu'une ou deux fois par semaine, ne dépasse pas, je suppose, les limites de ce qui est permis, sous ce rapport ; eh bien, si on a le droit de vous demander comme quelque chose de plus parfait et de plus avantageux à votre ministère, de ne sortir qu'une seule fois par mois, pourquoi pas une seule fois tous les deux mois ?

L'amour du travail est nécessaire à un prêtre ; celui-là néanmoins qui consacre à l'étude deux heures par jour, ou quelques jours par semaine, ne saurait être en cette matière légitimement accusé, je suppose ; eh bien, si on a le droit de vous demander comme quelque chose d'utile, de plus parfait, que vous travailliez 3, 4 heures, pourquoi pas 7, pourquoi pas 8 ?

Le prêtre ne doit pas être un joueur ; celui-là néanmoins qui ne manie les cartes (bourre, bête ou bouillote), qu'une ou deux fois par semaine est irréprochable à ce sujet, je suppose ; eh bien, si on a le droit d'exiger de vous comme quelque chose qui serait beaucoup mieux, plus digne de votre gravité, plus parfait, que vous ne jouiez qu'une fois par mois, pourquoi pas seulement six fois par an, pourquoi pas point du tout?

En un mot, si on a le droit de ne pas se contenter du strict, du suffisant, du convenable, si on a le droit d'imposer aux prêtres dans le ministère ce qui est de perfection, pourquoi n'aurait-on pas celui de leur imposer la règle de la Chartreuse ou de la Trappe, en les modifiant un peu, *verbi gratiâ*, selon qu'elle pourrait l'être pour un chartreux ou un trappiste, curé provisoirement.

Donc, pour en revenir à notre première question, *ponendis positis*, je demande si les prescriptions, qui ne sont pas nécessaires, mais seulement plus ou moins utiles en ce sens qu'elles tendent plus ou moins à mettre le clergé dans de certaines conditions transcendantes de faire le bien, doivent être considérées comme rigoureusement obligatoires : je demande si elles sont rigoureusement un droit de l'évêque, et pour lui d'ailleurs un système praticable, si la voie la plus simple et la plus naturelle, la règle la plus sage, la plus prudente et la plus équitable, enfin le meilleur mode d'administration n'est pas celui du divin législateur lui-même, qui nous a fait des préceptes positifs et formels dans ce qui est des choses nécessaires, mais a laissé ce qui est de *perfection* à la liberté de l'homme, à la persuasion de sa grâce, et aux attraits de son amour [1]?

## SECONDE QUESTION.

### Rapport de l'examen avec ce droit.

A la précédente question qui voudrait répondre d'une manière affirmative? Qui du moins oserait me

[1] J'avoue que placer ainsi la raison d'être d'une prescription, d'une loi, dans l'essence des choses, c'est agrandir le domaine de la liberté et restreindre celui de l'autorité, donner à la première de plus sérieuses garanties contre les empiétements de la seconde, en établissant entre celle-ci et celle-là un *criterium du droit et du devoir* plus naturel, plus net, plus simple, plus facile; mais est-ce là un mal?

J'avoue que cette manière de voir serait moins féconde en toutes espèces de règlements et d'institutions nouvelles, mais quand il n'y aurait pas une telle multitude de ces prescriptions, qui sont quelquefois bien plus des chaînes, des entraves, qui nous empêchent de marcher, que des ailes pour voler, serait-ce un mal?

J'avoue encore que cette manière de voir me rapproche de ceux qui pensent qu'un évêque, pour bien gouverner son diocèse, n'aurait guère qu'à se contenter de faire observer les grandes lois de l'église, et de les observer lui-même. — Mais serait-ce encore un mal quand le pouvoir législatif d'un évêque ne serait pas tellement étendu, quand dans la société catholique il y aurait une plus grande unité de lois, et pas dans l'Eglise comme des milliers d'Eglises?

dire qu'à cet égard le doute ne me soit pas permis, et surtout entreprendre de le démontrer? Or, le principe posé, il ne nous reste plus qu'à l'appliquer, ou, si vous voulez, cette première question ainsi formulée et motivée, pour arriver à notre but, il ne nous reste plus qu'à en poser une seconde, savoir :

*L'examen qu'on me fait subir chaque année est-il nécessaire, c'est-à-dire une chose telle, que sans celle-ci un Évêque ne puisse être sûr d'avoir des prêtres, qui s'acquittent largement, noblement, saintement des devoirs de leur charge?*

.. Nécessaire! quelle accusation contre l'Eglise! car je ne sache pas que cet examen ait existé jusqu'à ces derniers temps : c'est une invention toute moderne de notre diocèse, et peut-être aussi de quelques autres. Donc l'Eglise jusqu'à présent a manqué d'une chose nécessaire!!! où était alors son indéfectible sagesse et cette intelligence de ses besoins, qui ne lui a jamais fait défaut!... Mais c'est bien, soyons tranquilles, elle n'a pas besoin de justification!!

Il faut cependant, pour un autre motif, peser la nécessité de l'examen qu'on fait aujourd'hui subir à une portion du clergé :

« Sans celui-ci, me dit l'un, vous n'auriez pas l'instruction qui vous est essentielle. » Ainsi, vous l'entendez, vous qui ne passez pas à l'examen, et n'y avez jamais passé : pourquoi n'y passez-vous pas? Est-ce parce qu'on n'attend plus rien de vous? est-ce parce qu'on vous suppose trop récalcitrants pour y mordre, génération mal élevée qu'on n'a su ni plier, ni former, mais qui est ce qu'elle est, et ne sera jamais autre? Pourquoi? je l'ignore : ce que je sais, c'est que vous n'y passez pas : donc vous n'avez pas l'instruction qui vous est essentielle : vous n'êtes plus que des *rouillés*, des *ignorants*, passez-moi l'expression, des *encroûtés*.

— Allons donc ! comment ! vous plaisantez ! — Je plaisante ! vous prétendez donc que sans passer à l'examen, et sans y avoir jamais passé, comme nous, vous pouvez avoir la science qui vous est nécessaire, et au-delà? Eh bien, je vous l'accorde ; mais si vous le pouvez, donc et nous aussi ! ! !

M'objectera-t-on que la position entre les prêtres soumis et les prêtres non soumis à l'examen n'est pas la même, parce que ceux-ci le sont depuis plus longtemps? en vérité, raison d'avocat aux abois qui perdant la tête finit par plaider contre lui-même, car, qu'ils soient prêtres depuis plus longtemps, n'est-ce pas là un motif pour les remettre, comme disait quelqu'un, à l'alambic, et les passer au capuchon, c'est-à-dire, pour leur faire répéter des matières qu'ils ont dû fort bien oublier, — au lieu que le jeune prêtre les possède encore toutes fraîches. — Oublié ! mais au contraire, ils ont acquis par un long travail et par l'expérience. — Et pourtant sans examen ! — Oui sans doute. — Eh bien; supposez que sans examen nous ferons de même, et trouvez bon que nous soyons dispensés de ceux qu'on nous fait subir si gratuitement comme vous venez de le prouver *sans le vouloir;* mais n'en ayez pas de confusion : si vous êtes tombés dans vos propres filets, ce n'est point votre faute, mais celle du terrain où vous marchez.

« Je ne nie pas, me dit l'autre, que sans examen vous ne puissiez être convenablement instruit; mais il ne suffit pas que vous ayez l'instruction qui vous est nécessaire, il faut encore que l'évêque en connaisse et en juge : c'est le droit et le devoir de sa sollicitude pastorale; mais il ne le peut sans examen, c'est clair; donc l'examen qu'on vous fait subir est nécessaire comme le moyen pour l'évêque de savoir si vous avez les connaissances essentielles à l'exercice du saint ministère. »

Or, point de confusion, voyons ce qu'il y a de vrai et de faux en tout cela. Il est certain que l'évêque a le droit et le devoir, comme je l'ai toujours reconnu, de s'assurer si chacun de ses prêtres a les connaissances requises pour exercer convenablement le saint ministère, et qu'il ne le peut sans une certaine surveillance, une certaine inspection, et peut être *une espèce d'exa-*

*men* : Mais un examen comme celui qu'on me fait subir ! Ah ! bon Dieu !... Allons, cherchons froidement la vérité, oui, cherchons-la ainsi : prenons cet examen, décomposons-le, analysons-le pour voir quelles en sont les parties nécessaires, et ce qui n'y est que superflu et comme ornementation :

Est-il nécessaire que chaque année on me fasse subir un examen ?

Est-il nécessaire que chaque année, pour subir cet examen, je sois obligé à un voyage fort gênant et très-dispendieux ? Quoi ! de deux choses l'une ; quand on m'a donné du ministère on m'a jugé capable ou non de l'exercer convenablement : dans le dernier cas, pourquoi m'en a-t-on donné ? Dans le premier, est-il croyable qu'étant aujourd'hui capable, on ne le soit plus dans un an ? Allons donc ! apparemment l'autorité ne le pense pas comme vous, car elle sait qu'une foule de prêtres n'ont pas passé à l'examen depuis qu'ils sont dans le ministère, et sa conscience ne s'en émeut pas, et l'on ne voit pas que ceux-là, elle songe le moins du monde à les y faire passer ; après cela venez me dire qu'il est nécessaire que je passe, moi, à l'examen tous les ans !... — Et chaque combien de temps, croyez-vous... — Et chaque combien de temps ? est-ce que je ne viens pas de vous le dire assez clairement ? — Me le dire ! comment ! — Oui, vous le dire, mais en dépit du proverbe : *intelligenti pauca*, vous n'avez pas compris, et je répète sous une autre forme :

Dites-moi, lorsque quelqu'un a obtenu son brevet ou son diplôme d'instituteur, de médecin, de bachelier, de licencié, d'avocat, de pharmacien, quand est-ce qu'on le fait passer à l'examen pour voir s'il est encore digne de son grade ou capable de sa profession ? Lorsque tous ceux qui courent des carrières, pour lesquelles on exige certaines connaissances spéciales, ont une fois subi leurs épreuves, quand est-ce qu'on les fait passer de nouveau à l'examen ? — *jamais*, je crois, — bon. Autrefois, combien de temps laissait-on les prêtres sans les faire passer à l'examen ? Combien de temps a-t-on laissé et laissera-t-on une foule de prêtres d'aujourd'hui encore sans les faire passer à l'examen ? — Toute leur vie. — Or vous me demandez : « Quand devra-t-on soumettre à un nouvel examen ceux qui auront été jugés une fois dignes du sacerdoce, et capables d'exercer convenablement le saint ministère » et je vous réponds : *jamais*. « Combien de temps on devra les laisser sans les faire passer de nouveau à l'examen » et je vous réponds : Toute leur vie. Et je vous dis encore : je sais que sans rire ou faire rire de soi, on peut n'aller pas aussi loin que je vais, en disant par exemple que l'examen serait au moins nécessaire chaque 10 ans ou chaque 20 ans, ou après 30, 40 ans de ministère; mais si l'on a plus raison que moi, qu'on m'explique :

*Comment l'examen étant nécessaire, on a pu autrefois laisser tous les prêtres, et on peut encore aujourd'hui en laisser la plus grande partie sans passer à l'examen de toute leur vie?*

*Ou, comment l'examen n'ayant pas été nécessaire pour les prêtres d'autrefois, et ne l'étant pas encore pour le plus grand nombre de ceux d'aujourd'hui, il l'est néanmoins pour cette portion du clergé à laquelle on l'impose?*

Mais, mon Dieu, n'est-ce pas trop d'efforts pour faire sentir une chose, qui saute aux yeux, savoir, qu'il n'y a pas de prêtres qui étudient si peu, qu'étant capables à leur entrée dans le ministère, ils cessent un jour de l'être rigoureusement, à moins que ce ne soient de pauvres *minus habens*, comme on n'en admet plus à ces *brillantes* époques, ou de ces hommes qui ne vivent que de matière, et dont la mémoire finit par s'éteindre, la raison par s'hébêter, de ces prêtres comme j'ai le bonheur de n'en point connaître, et comme sans doute, Dieu merci, il n'en existe pas. Mais supposez qu'il y ait quelques prêtres qui puissent devenir tellement ignorants qu'ils soient incapables d'exercer le saint ministère d'une manière convenable, ce ne serait là qu'une rare exception, et faudrait-il pour quelques individus infliger à tout un *corps* l'humiliation d'un examen? et un génie aussi fécond en expédients que l'est d'ordinaire celui d'un Vicaire-Général ne pourrait-il trouver le moyen d'atteindre les uns sans déverser sur les autres la confusion et la honte?

Accordons toutefois la nécessité d'un examen, soit chaque 20 ans, soit chaque 10 ans, soit même chaque année, s'ensuit-il que celui qu'on fait subir maintenant à une partie du clergé soit nécessaire *dans sa forme et son objet?*

Est-il nécessaire qu'on me fasse paraître devant ce qu'on appelle un bureau d'examen, comme si j'étais encore sur les bancs du séminaire de Pont-à-Mousson?

J'arrive fatigué d'un voyage de 10, 20 lieues, harassé de courses, tout haletant,

Est-il nécessaire que ces glorieux interrogateurs me laissent là debout devant eux, sans même me donner, comme jadis, au séminaire un point d'appui pour reposer, sinon mes jambes, du moins mes bras, là debout devant eux comme une espèce de criminel, moi leur frère dans le sacerdoce, quand ils ne le voudraient pas, oui leur frère dans le sacerdoce, malgré leur dignité, leurs titres, toutes leurs distinctions et l'esprit qu'ils ont ou qu'ils croient avoir de plus que moi!!

Est-il nécessaire qu'on m'interroge d'une manière

plus sévère et plus magistrale que dans une *sabbatine?*
qu'on me fasse, par exemple, tirer des billets à questions et que sur chaque matière *incluse* dans ces billets, ainsi fournis par le sort, et pris parmis des milliers d'autres, on me demande un discours, une thèse en forme, en me disant : *parlez là-dessus, monsieur.....* *continuez, monsieur.....*

Est-il nécessaire qu'on exige de moi ou le talent merveilleux d'improviser tant de choses, ou une mémoire extraordinaire pour les contenir en gros, et à l'heure voulue, les débiter en détail ; et qu'on me taquine et m'injurie si je n'ai ni l'un ni l'autre ?

Sont-elles nécessaires toutes ces choses, et ne suffirait-il pas qu'on m'interrogeât sur l'ensemble de la théologie afin de savoir, non si par plus ou moins de mémoire, j'ai plus ou moins retenu de textes, de canons et de citations érudites, mais si je connais assez clairement ma religion pour administrer les sacrements, enseigner le dogme, prêcher la morale, dans mes cathéchismes, mes prônes et en raisonner, au besoin, dans une conversation où autrement avec quiconque me demandera compte de ma foi ? Vous avez beau dire, si de l'avis des plus grands et des plus saints docteurs, je n'ai besoin que de cela pour être bon curé, je n'ai pas besoin de plus !

Est-il nécessaire que, pour couronner cet admirable

examen, on m'envoie un bulletin de bonnes ou mauvaises notes comme à un moutard du collége, bulletin que personne ne prend au sérieux, ni celui qui l'envoie, ni celui à qui il est envoyé, mais qui n'en est pas moins vexant !

Est-il nécessaire..... Mais je m'arrête.....

Je l'ai exprimé, je ne crois pas à la nécessité d'un examen : je crois que l'évêque a d'autres moyens beaucoup plus délicats et non moins efficaces de s'assurer de la capacité de ses prêtres : mais si tant est qu'un examen soit nécessaire, j'en ai dit assez pour montrer que cet examen n'est pas celui qu'on nous fait subir, — à moins qu'on ne confesse qu'il a été institué bien moins pour constater que nous avons encore les connaissances essentielles et tranquilliser la conscience épiscopale, que, comme une *épreuve de vertu, une exercice d'humilité*, et un moyen de mâter l'indépendance, l'esprit moderne, je ne sais, *le Libéralisme* du jeune clergé ! ! !

## TROISIÈME QUESTION.

### Surabondance de raisons contre l'examen ou son inutilité parfaite, et même son mauvais résultat.

Je pourrais m'en tenir là : mais je veux aller plus loin, et poser une troisième question qui est celle-ci :

*L'examen qu'on fait subir à une partie du clergé, n'est-il pas parfaitement inutile et même nuisible?*

Plus d'une fois j'ai entendu certaines gens me dire : « Vous vous plaignez de l'examen, mais c'est un trésor ! » mais c'est une des plus heureuses inventions de » l'extrême sollicitude administrative de nos dignes » vicaires-généraux, une vraie source de lumière et » de progrès ! C'est cette institution, c'est elle qui, » excitant votre ardeur, ou stimulant votre paresse, va » vous initier à toutes les nombreuses connaissances » divines et humaines qui doivent faire l'apanage du » prêtre ! »

Ainsi c'est avec plus de raison qu'il ne pensait, qu'un homme du monde, très-catholique d'ailleurs, me parlant un jour de cet examen, se mit à chanter sur le refrain des moines, les bouts-rimés suivants :

> Et bon, bon, voilà qu'est bon,
>
> Voici de l'examen l'institution,
>
> Et bon, bon, voilà qu'est bon,
>
> Maintenant les prêtres étudieront.

Ainsi c'en est fait, le problème est résolu : *Avoir un clergé studieux et philosophe; ce secret* qu'on cherche *depuis bien des années,* il est trouvé, oui trouvé et bientôt nous allons voir fleurir ou refleurir dans le monde ecclésiastique les belles-lettres, les sciences et les arts.

Vous le croyez, messieurs, mais

« Va-t-en voir s'ils viennent…. Va-t-en voir s'ils viennent. »

Vous dites : beaucoup de jeunes prêtres étudient encore, mais presque sans fruit, parce qu'ils ne savent pas choisir leur matière, et se tracer de plans : les questions à préparer pour l'examen leur seront comme une espèce de fanal lumineux qui les guidera dans leurs travaux et leurs recherches théologiques et philosophiques; ils en recevront une direction immensément salutaire!!

Voilà ce que vous dites, bonnes gens que vous êtes! Vous croyez vraiment qu'on commande aux intelligences comme à un chantier de maçons! Est-ce que parmi les prêtres qui *étudient encore*, chacun n'a pas en théologie, comme en philosophie, dans les sciences comme dans les arts, son petit plan et ses études de prédilection ; or, vous venez leur dire : appliquez-vous à ceci, et non à cela, ce sera mieux ;  c'est bien, messieurs, mais vous croira-t-on? Ne savez-vous pas que l'esprit de l'homme le plus humble et le plus modeste est un peu rebelle? C'est assez vous dire que vous lui persuaderez difficilement que votre plan vaut mieux que le sien, et il suffira que vous lui imposiez telle chose pour qu'il s'attache à une autre.—C'est fâcheux, allez-vous dire ! —Je ne le pense pas; mais, quoi qu'il en soit, il préférera par le fait sa direction à la vôtre.

Ainsi, messieurs, croyez bien d'abord que vouloir se constituer les suprêmes directeurs des intelligences ecclésiastiques, c'est en général peine perdue : à ceux qui ont l'ambition de tenter une entreprise pareille, on leur dit merci.

Mais au moins tous les jeunes prêtres qui n'étudient pas, seront par là forcés d'étudier, de profiter et d'être savants malgré eux. Bonnes gens que vous êtes, vraiment vous croyez que les choses se font comme cela ! Non, soyez en sûrs, la plupart encore n'en feront rien.

Voyez-vous ce jeune prêtre paresseux et flaneur ? hâtons-nous de nous expliquer, je ne veux pas dire qu'il manque de zèle sous un autre rapport ; il a de la piété, des mœurs sévères ; il fait assez exactement tout son petit ministère ; mais hors de là, il tue le temps ou consume ses précieux loisirs en diners, en jeux, en voyages, en visites inutiles, en mille futilités ; eh bien, dis-je, voyez-vous ce jeune prêtre paresseux et flaneur qui a soupiré cinq ans de séminaire après l'agréable oiseveté d'esprit, qui serait son partage, quand il en serait heureusement dehors ? cependant sous l'action salutaire de sa conscience, il étudiait encore par-ci par-là ; vous lui imposez votre examen, qu'est-ce qu'il va dire ? Le voici, écoutez bien, il dira : voilà ma tâche, bon ; mais est-ce que je n'ai pas encore le temps d'y travailler ? Donc il différera, il différera sans cesse de se mettre à l'œuvre, et trois semaines, un mois avant son examen il n'aura encore rien préparé; alors, en négligeant peut-être les autres devoirs, il bûchera, il bûchera jusqu'au jour *terrible* de l'épreuve, qu'il subira d'une manière quelconque, et puis revenant sous l'ombre de ses lauriers, il dira : « Encore onze mois et une semaine devant les mains, grâce à cette bienheureuse institution de l'examen, qui me permet d'accomplir en trois semaines la tâche d'une année. »

Pas besoin n'est de dire qu'un mois après l'examen, de toutes ces belles choses, amoncelées pêle-mêle dans le cerveau de ce jeune prêtre, il ne reste plus rien, absolument rien. N'est-ce pas, messieurs, que votre examen lui est bien profitable ! ! !

Quelques-uns pourtant, je l'avoue, prépareront les matières officielles ; il est des l'esprits qui sont nés pour être conduits avec le bâton; ceux-là prépareront leur examen.

Il est de jeunes prêtres qui respirent sans cesse après une paroisse de relief : ils rêvent tous les jours une belle église, un superbe presbytère, une population nombreuse, un casuel considérable; si tout cela était chose qui pût s'attraper en courant, vous les verriez bondir comme le cerf, qui s'élance vers les eaux d'une claire fontaine : ceux-là prépareront leur examen.

Mais les uns et les autres, les premiers, et les seconds le prépareront avec minutie, avec excès, ceux-ci par le désir ardent de *s'en tirer*, ceux-là par le désir excessif de *briller* : ceux-ci par une crainte servile, ceux-là par petite ambition.

Mais les uns et les autres, les neuf dixièmes de l'année, sous l'influence continuelle de ces sentiments, s'absorberont tellement dans cette préparation, que peut-être ils ne consacreront plus qu'un temps insignifiant à leurs instructions, à leur catéchisme, et ne rempliront, en un mot, qu'à moitié les devoirs sacrés de leur charge.

Je ne prétends pas envisager cet examen sous toutes ses faces et en faire ressortir tous les inconvénients, qui sont aussi nombreux que ses laideurs ; mais je me suis certes déjà fait plus de réflexions qu'il n'en faut pour l'apprécier à sa juste valeur.

Somme toute, il est pour les uns, selon le proverbe, comme un emplâtre sur une jambe de bois, et pour les autres, nuisible ; somme toute, il est clair que la théologie n'y gagne rien, et que le ministère y perd.

Donc c'est en vain et plus qu'en vain qu'il a fallu me laisser dire par mes instituteurs, et d'une manière bien ricaneuse, un jour que j'allai passer cet examen : « Autrefois, nous autres, pauvres instituteurs, nous avions des *conférences* fort gênantes et peu agréables (remarquez bien : des conférences, mais non des examens), mais il paraît... il paraît que c'est maintenant au tour de messieurs les prêtres de s'instruire!! »

Donc c'est en vain et plus qu'en vain que les paroissiens disent de leur curé : « Notre petit pasteur ne sait donc pas encore bien faire le catéchisme, puisqu'il va passer à l'examen. » Et que partant ils croient devoir se défier plus de l'autorité de sa parole.

Donc c'est en vain et plus qu'en vain, messieurs, que par votre nouvelle institution de l'examen vous aiguillonnez l'ambition de quelques jeunes prêtres, et que vous donnez un petit théâtre à l'orgueil et à la vanité des gens ainsi faits qu'ils ne comptent pour rien ce qui les humilie et les rapetisse en réalité, si par là ils obtiennent ce qui ne les glorifie et ne les élève qu'en *apparence*.

Donc c'est en vain et plus qu'en vain que vous compromettez aux yeux des populations le caractère et la dignité de leurs curés, que vous les ravalez, que vous les avilissez en faisant d'eux comme une troupe de jeunes écoliers qui ne vont et ne marchent que par examen, répétition, la verge et le *pensum*.

Et encore si cette loi de l'examen était une de ces prescriptions qui ne demandent qu'un acte de soumission, et créent sous ce rapport à la vertu de chacun un facile mérite! Obligé de la subir, parce que de deux maux il faut choisir le moindre, et ne devant pas répondre de ses résultats, on aurait au moins cette fiche de consolation du mal qu'elle fait et du bien qu'elle ne fait pas : *Qu'elle n'impose rien de très-pénible.* Mais quelle obligation, bon Dieu, que cet examen tel qu'on me l'a fait subir jusqu'aujourd'hui ! Quel lourd fardeau ! Pouvait-on exiger d'un prêtre quelque chose de plus molestant, de plus ennuyeux, de plus gênant, de plus humiliant, de plus avilissant, de plus vexant, de plus insupportable ! C'est ce qui résulte fort clairement et de ce que j'ai dit en différents endroits, et de la répulsion invincible, du dégoût qu'il inspire aux jeunes prêtres ; et c'est ainsi qu'on en juge généralement, je crois, et parmi le clergé, et parmi le peuple ; ce qui doit être d'ailleurs, car pour apercevoir dans cet examen ce que j'y aperçois avec tant d'autres, pour y sentir ce que j'y sens, il suffit d'avoir des yeux et de le regarder en face, ce hideux examen, il suffit de n'être pas perclu de tous ses membres et de le palper sur un point quelconque ; que dis-je ? il suffit d'avoir encore comme un peu de sang sous les ongles, d'en avoir une dernière goutte au cœur.....

Et si quelqu'un ne *voulait* me comprendre, hé bien ! qu'il consulte ceux qui passent à cet examen, et leur demande ce qu'il leur en coûte pour venir chaque année se présenter devant ce qu'on appelle le premier, le second, ou le troisième bureau d'examen, afin de s'y voir magistralement interrogés, et quelquefois taquiné comme un gamin de collége!!! Qu'il se souvienne que parmi les prêtres soumis à l'examen il se dit de telles paroles : *Je voudrais en être quitte pour huit ans de mon existence!!!*

### Conclusion.

Oh! pardon, cher lecteur, je vous annonçai, au lieu de discussions toujours peu agréables, des pièces, *des pièces curieuses*, palpitantes d'intérêt, et voilà que je vous ai fait passer par une assez longue argumentation ; pardon, encore une fois... Ou plutôt vous me dites qu'ici je n'ai pas même besoin de votre indulgence ; car n'ayant pas oublié que ce qui m'est reproché comme un crime, c'est d'avoir mis en doute la légitimité de l'examen qu'on me fait subir, vous comprenez que je devais particulièrement m'arrêter à ce point capital : *Est-il si certain qu'on ait le droit de me faire passer chaque année à l'examen comme on m'y fait passer?*

Mais enfin, grâce à Dieu, j'en suis aussi content que vous ; grâce à Dieu, de choses en choses, nous voilà arrivés à notre conclusion, que je vous laisserai tirer vous-même sans que vous ayez besoin de la méthode scolastique. Voyons, l'institution de l'examen n'était pas nécessaire ; bien plus, elle est inutile, et même nuisible ; elle est arbitraire de tous points, non-seulement en ce sens qu'elle n'a de raison d'être pour personne, mais encore parce qu'elle s'impose aux uns, et pas aux autres, sans qu'on puisse donner aucun motif de cette distinction [1]. D'autre part elle oblige à quelque chose de si pénible que c'est pire qu'un deuxième vœu ; hé bien ! dites-moi, peut-on soutenir qu'en entrant dans l'état ecclésiastique, et en faisant mon *Promitto*, j'ai dû m'attendre implicitement ou explicitement à une semblable loi, que par conséquent elle n'a pas pour moi, qui ai été ordonné avant sa promulgation, *d'effets rétroactifs ?* Et n'est-il pas évident, j'ai presque dit de sens commun, que si elle pouvait être obligatoire pour qui ce fût, ce ne serait pas du moins pour aucun de ceux qui étaient prêtres avant qu'elle fût portée?

Jugez donc combien j'ai été modéré, lorsque forcé par M. le Vicaire Général de m'exprimer au sujet de l'examen, qu'on me fait subir, je me suis contenté

---

[1] Qu'on me dise en effet pourquoi la loi soumet à l'examen ceux qui n'ont pas huit ans de prêtrise, et pas ceux qui en ont neuf, dix, onze, douze, treize, etc., etc.? c'est absolument comme si un évêque soumettait à telle prescription une partie seulement de son diocèse, bien qu'elle se trouvât dans les mêmes conditions que le reste. Pour y être plus facile, l'arbitraire vaut-il mieux là qu'ici.

d'émettre sur sa légitimité un simple et très-modeste doute, — et combien peu on l'est à mon égard quand on prétend que par là j'ai douté d'un droit de mon évêque ?...

## Second point.

*Dans l'hypothèse qu'en doutant que je sois tenu de passer à l'examen comme on m'y fait passer, j'aie douté d'un droit de l'évêque, serait-ce là un crime de ma part ?*

Ainsi, on vient de le voir, en doutant de la légitimité de l'examen qu'on me fait subir, je n'ai pas douté d'un droit de *mon évêque*; mais supposons-le, en cela aurais-je commis un crime, une faute quelconque ? Si j'eusse douté d'un dogme de l'Eglise, à la bonne heure encore; mais est-ce que l'évêque est infaillible, toutes ses ordonnances nécessairement conformes à la vérité et au droit, le grand-vicaire, qui le représente ou l'inspire, impeccable, qu'on m'impute à péché le moindre doute sur la légitimité de telle ou telle prescription? Si on le prétend, qu'on le dise, et si on ne le prétend pas, qu'on ne me fasse point une faute de mon doute. Ce qui ressort très-évidemment de ce doute, ce n'est point un tort de ma part, mais... quoi ?

La preuve d'une parfaite obéissance ; en effet se soumettre à une loi qu'on tient pour bonne et juste, c'est accomplir son devoir ; mais, par respect, par déférence pour l'autorité, se soumettre à une loi qu'on ne croit pas légitime, et qui nous impose cependant la chose la plus pénible, c'est faire un acte généreux, c'est l'héroïsme de la soumission. Et voilà qu'au lieu de me tenir compte d'un tel esprit d'obéissance, on me déclare rebelle et coupable, et au lieu de me louer on me persécute ! !...

Au moins devait-on me laisser en paix !

## V.

**Vous le voyez, mon père, je n'ai point péché. Mais vous, mon père, mais vous...**

Je me suis, j'espère, exécuté de bonne grâce, sans me ménager ; j'ai scruté ma conscience, je vous ai tout dit, impartial lecteur. Or, puisque j'ai résolu de vous prendre pour juge entre moi et ceux qui me poursuivent, ayant ainsi examiné ma conscience tout haut devant vous, oserai-je maintenant vous demander de prier M. le Vicaire Général d'examiner la sienne ? Il vous dira peut-être que l'autorité n'a pas à raisonner de ses actes avec vous, qu'il n'a pas de compte à vous rendre, et qu'il peut se passer de justification, lui! J'y consens; mais cela ne m'empêchera pas de l'accuser d'une suspense arbitraire, d'une flétrissure inique, d'un scandale déplorable, produit comme de gaieté de cœur, et d'une comédie administrative et paroissiale aussi-inutile que pleine de suites funestes, — et ne fera pas surtout que je n'aie prouvé mon accusation. Cela ne fera pas non plus que la raison et la conscience publiques ne le jugent, et ne le condamnent avec vous, et vous avec elles, et que tous les prêtres du diocèse, particulièrement ceux qui sont encore soumis à l'examen, ne regardent ce terrible Grand-Vicaire comme une autre épée de Damoclès, suspendue au-dessus de leur tête, c'est-à-dire, à parler sans figure, pour un homme qui peut d'un jour à l'autre les interdire et les condamner *à la prison* sans motif et sans forme de procès, et avec lequel ils ne sont pas sûrs la veille de n'être pas le lendemain flétris et déshonorés, sans que ni le témoignage de leur conscience et la pureté, l'irréprochabilité de leur vie, ni l'estime et l'affection de leur paroisse, puissent les préserver de ce malheur, ou plutôt de ce jeu cruel.

# VI.

## Il a menti, ou Monsieur ne sait ce qu'il dit.

Accuser M. le Vicaire Général de m'avoir frappé d'une suspense arbitraire, de m'avoir gratuitement condamné à la prison ecclésiastique, gratuitement flétri et déshonoré, c'est un peu fort ! Ce qui est plus fort, c'est que je me flatte de l'avoir montré si clairement, cher lecteur, que vous, en juge impartial, ne pouvez vous empêcher d'être de mon avis. Toutefois, ne vous hâtez pas trop de passer condamnation. Suspendez votre jugement, et avant de vous prononcer d'une manière définitive, écoutez ce qui peut le justifier de m'avoir adressé sa fameuse lettre du 28 octobre. C'est une justification d'un certain genre, si vous voulez ; mais qu'il nous permette toujours de la donner ici jusqu'à ce qu'il juge à propos d'en fournir une meilleure :

Mandres-aux-Quatre-Tours, le 14 juin 1855.

..... « J'ai donc voulu rester à Nancy jusqu'à la sor-
» tie du conseil épiscopal, et tandis que je me rendais
» à l'Evêché pour connaître le résultat, voilà que je

» rencontre en rue M. Delalle, à qui j'adresse naïve-
» ment cette question : Et puis, qu'a-t-on décidé pour
» l'abbé Saleur? Il me regarde d'un air étonné, et me
» répond : l'abbé Saleur, mais il n'en a pas été ques-
» tion ; est-ce que notre décision n'a pas été prise?
» J'ai vu alors que toutes mes démarches n'avaient
» pas même abouti à ce résultat si minime qu'il fût
» question de vous au conseil, que votre nom fût pro-
» noncé. Pourtant je ne me repens pas de ce que j'ai
» fait : Il fallait cela en quelque sorte, pour mettre le
» comble à l'iniquité. »

Ce n'est pas encore là précisément la justification
dont je parle, en faveur de M. le Vicaire-Général;
mais c'est le préambule pour y arriver; nous y
sommes :

« Voici maintenant une curieuse affaire : Le père
» Garo m'a certifié... Attention! que M. le Vicaire
» Général ne vous avait écrit la fameuse lettre (le ré-
» sultat de votre examen ayant été communiqué à Mon-
» seigneur, Sa Grandeur a décidé : 1° votre suspense ;
» 2° St-Nicolas; 3° 4°, etc.), qu'après deux autres
» lettres par lesquelles il vous demandait une rétrac-
» tation de votre mot de l'examen, rétractation que
» vous auriez refusée. — Là-dessus j'ai nié de toutes
» mes forces, et j'ai soutenu que cette lettre terrible vous
» était arrivée d'emblée par suite de l'examen. Voilà,

» ai-je dit, ce que l'abbé Saleur m'a toujours raconté.
» — Eh bien! l'abbé Saleur *vous a trompé.* — Mais,
» monsieur, c'est impossible. — Je suis certain de ce
» que je vous dis. — Et moi aussi je suis certain, au-
» tant qu'on peut l'être, que l'abbé Saleur m'a dit
» vrai. » Puis j'ajoute : « Et si M. Delalle vous avait
» trompé! Dans ce cas, me répond le père Garo, je
» donnerais ma démission à l'instant même de membre
» du conseil. — Après ce curieux entretien, je vais
» trouver le père Chevalier, auquel j'en fais part, en
» m'offrant de parler de cela devant le conseil; mais
» il m'a engagé à ne pas m'y présenter, en m'assurant
» qu'il prendrait votre défense. Et puis... et puis...
» rien, ils n'ont pas soufflé mot! » Or, voyons, cher
lecteur, si c'est moi qui ai trompé mes amis, ou si c'est
M. Garo qui a été trompé, et s'il ne va pas être tenu
de donner sa démission, suivant l'engagement qu'il en
a pris. La chose est grave.

Autrey, 10 juin 1855.

« Monsieur le chanoine,

« Je prends la liberté de vous écrire deux mots, au
sujet de votre entretien avec M. l'abbé Munier. Je vous
prie de croire que je ne *trompe* personne, ni mes amis
ni autre. Si M. le Vicaire Général vous a dit ce que

vous avez rapporté à M. le curé de Mandres, il a avancé
une fausseté ; je lui donne le démenti le plus formel.
Avant de m'interdire et de me condamner à la prison,
il ne m'a nullement écrit, et je le défie de montrer aucune réponse de ma part, où j'aie refusé ce qu'il affirme m'avoir demandé.

Du reste, ce qu'il affirme est *matériellement* impossible, puisque c'est le 26, si ce n'est même le 27,
que je passai à l'examen, et que c'est le 28 du même
mois qu'il m'écrivait la missive où il me lance ses foudres. C'est donc M. le Vicaire Général qui vous aurait
trompés, vous et vos collègues, et non moi qui ai trompé
mon ami.

Veuillez agréer, etc.

Saleur, curé d'Autrey.

Nancy, 15 juin 1855.

« Mon cher Saleur,

« Je suis *sûr* que vous n'avez pas été interdit sans
« explications, comme vous le dites. » ......

« Garo. »

« Je ne cite de la lettre de l'honorable chanoine,
que ces lignes, les seules qui vont à notre but, le
reste n'étant que des conseils, qui témoignent de son
bon cœur, et dont je le remercie avec sincérité.

En voyant cette persistance de M. Garo à soutenir que M. le Vicaire Général m'avait écrit avant de lancer ses foudres, je songeai bien que c'était tout simplement une distraction du célèbre penseur; c'est-à-dire que, plein de quelqu'une de ses grandes idées, il avait *lu sans lire* ce que je lui disais dans ma première lettre, et je pris le parti de le lui répéter, ainsi qu'il suit dans une seconde :

Autrey, 17 juin 1855.

« Monsieur le chanoine,

Je maintiens ce que j'ai eu l'honneur de vous dire : « Que M. le Vicaire Général avant de m'interdire et de me condamner à la prison, ne m'a nullement écrit ni deux fois, ni une fois, pour me demander une rétractation; » en vous répétant : 1° que je défie M. le Vicaire Général de montrer de ma part aucune réponse, où j'aie refusé ce qu'il prétend m'avoir demandé; 2° que cela est matériellement impossible, puisque je subissais mon examen le 26, et qu'il m'écrivit du 28 même mois, pour m'interdire; j'ai sa lettre que je produirai au besoin.

« J'ajoute même qu'on ne m'a jamais officiellement parlé de rétractation.

« Veuillez, etc.

« SALEUR. »

J'eus le bonheur cette fois que M. le chanoine apporta à la lecture de ma lettre l'attention suffisante, et il comprit qu'aux preuves fournies par moi, pour montrer que la terrible lettre de M. le Vicaire Général m'était arrivée d'emblée par suite de l'examen, il n'y avait plus un mot à répliquer.

Eh bien, M. Garo a-t-il été trompé? Je laisse au lecteur le soin de tirer la conclusion, et de faire ses réflexions morales.....

## VII.

« Et que vouliez-vous qu'il fît? — Qu'il mourût
« Ou qu'un beau désespoir alors le secourût.

Avançons, ce que toutefois nous ne pouvons faire sans revenir encore à notre point de départ, la lettre du 28 octobre. Il doit vous tarder, cher lecteur, de savoir ce que j'y ai répondu. Eh! mon Dieu, vous pouvez le deviner, j'ai répondu ce que vous eussiez répondu vous-même. Il y a des situations qui commandent et dans lesquelles il n'est pas à délibérer, deux résolutions à prendre. Plutôt s'exposer à tout, plutôt tout perdre, tout souffrir, plutôt brûler son dernier navire et périr sur la plage, que de faillir à son honneur, à son caractère, au respect de soi, n'est-ce pas? Telle est votre devise, comme aussi la mienne. C'est, et ce fut toujours celle des gens de cœur, tant anciens que nouveaux. J'ai dû, coûte qui coûte, m'y conformer dans la réponse que je fis à M. le Vicaire Général. Voyez, du reste, si elle est bien ce qu'elle devait être. La voici :

Autrey, 30 octobre 1854.

« Monsieur le Vicaire Général,

« Je viens répondre à votre lettre du 28 octobre, demandant à Dieu, par une prière intime, de mettre le calme dans mon âme, et au bout de ma plume ni plus ni moins que ce que je dois vous dire.

» 1° Bien que je sois dans une paroisse des plus humbles et des plus difficiles, à cause de la binaison qui est fort pénible, je tiens cependant à y rester, et je ne reconnais pas avoir mérité qu'on me changeât, et qu'on me sacrifiât peut-être ainsi à de certaines influences, à de lâches et occultes détracteurs, — à moins que ce ne soit pour avoir reconstruit un clocher, au prix de mille efforts et de mille démarches, et fait d'une église sale et dégoûtante, une église propre et passablement ornée, — en me faisant pauvre frère quêteur, et même en y consacrant mes propres ressources, que j'aurais bien fait de réserver pour mes jours de nécessité.

» Et voilà qu'on ne me laisserait point le temps, je ne dis pas de jouir de mon œuvre, mais celui même de l'achever ; car il me reste encore plusieurs centaines de messes à acquitter au profit de mon église.

» 2⁰ Personne ne conteste que Monseigneur n'ait le droit de s'assurer si chacun de ses curés a les connaissances *requises* pour exercer convenablement le saint ministère. Si Sa Grandeur doute réellement de ma capacité, et qu'Elle me mande à cet effet, certes, je suis tout disposé à obéir. Je la prie même de vouloir ordonner une enquête pour examiner si j'annonce dignement la parole de Dieu, si je fais bien le catéchisme, si mes enfants ne sont pas aussi et même plus instruits que généralement ailleurs.

» Mais quant à l'examen, tel qu'il existe aujourd'hui, je demande avec beaucoup d'autres s'il peut être rendu obligatoire pour ceux qui ont été ordonnés avant son institution, bien que par déférence je m'y sois présenté chaque année.

» Peut-il même être rendu obligatoire pour aucun prêtre ? Ne peut-on être bon curé, remplir les devoirs de sa charge, s'instruire et instruire son peuple, être capable d'exposer, de défendre la religion, de lui faire honneur en toutes circonstances, parce qu'on n'aura pas appris de mémoire, comme une leçon, telles matières, telles théses indiquées pour telle année? Et si on le peut, de quel droit suspend-t-on, révoquera-t-on celui qui aura négligé de les apprendre de cette manière, pour se livrer à des matières qui ont plus de rapport avec les besoins actuels de la paroisse, ou simplement pour suivre plus fructueusement le plan d'études qu'il s'est tracé.

» Tels sont les points sur lesquels je voudrais me voir jugé canoniquement, M. le Vicaire Général, mais on se rira d'une pareille demande!...

» D'un autre côté, être suspendu de mes fonctions pendant un mois! Aller passer ce mois, reclus et pénitent, chez les Ligoriens, à défaut de la Chartreuse, JAMAIS!! non, rien au monde ne me fera consentir à être ainsi le triste jouet des uns et la risée des autres! Si telles sont les conditions auxquelles je puisse demeurer curé, que me reste-t-il? A me résigner à mon sort, à tendre le cou, et à prier Sa Grandeur de frapper. Je ne suis qu'un roseau, hélas! qu'elle peut briser.....

» J'ai l'honneur, etc.

» SALEUR. »

## VIII.

**Ah ! Seigneurs, trop consciencieux pour me perdre ! trop faibles pour me rendre justice.**

Comme je dis, je fis. Ayant ainsi répondu à M. le Vicaire Géneral, au lieu de me rendre en prison le jour qu'il m'avait assigné, je restai tranquillement chez moi, m'abstenant néanmoins de toute fonction pastorale, ne me mêlant plus de ma paroisse, et disant à ceux qui venaient réclamer mon ministère : « Je ne suis plus votre curé. On me faisait répéter ; on ouvrait de grands yeux ; on n'y comprenait rien. Le dimanche qui suivit, un confrère voisin venait offcier dans la paroisse, où je n'étais plus bon à rien, quoique j'en fusse encore le curé, il y avait deux jours. La chose parut singulière, extraordinaire ; on en parla bientôt à dix lieues à la ronde ; que voulez-vous que je vous dise? Ce fut une vraie comédie ; mais quelle comédie que celle où l'on joue la flétrissure du prêtre et le scandale du peuple !!...

Or, après une semblable réponse et un semblable refus d'aller passer à St-Nicolas un mois de prison, que pensez-vous que va faire l'autorité? sévir contre moi.

Qu'attendez-vous pour moi? Le coup de grâce, une révocation définitive; eh bien, vous vous trompez comme vous allez le voir :

Deux de mes excellents voisins, lesquels étaient à peu près tous hommes de bon cœur et de bon sens, deux de mes excellents voisins, à qui la comédie susdite ne plaisait que fort peu, ne voulant pas qu'elle se renouvelât, s'en allèrent à l'Evêché, dans le courant de la semaine pour demander qu'on la fît cesser.

M. le Vicaire Général les reçut d'abord fort mal. Monseigneur lui-même crut devoir faire l'inexorable. Cependant les deux confrères étant retournés chez M. le Vicaire Général après la séance du conseil, qui se tenait ce jour-là, le trouvèrent plus doux; il causa avec eux d'une manière assez calme, et leur ayant appris, entre bien autres choses, que l'un d'eux, M. le curé de N., *péche par le cœur*, un autre de mes voisins *par la tête*, et moi *par l'esprit, vu que je suis un homme de raison qui agis froidement...* il les chargea de me dire que je pouvais continuer mes fonctions de curé, ajoutant *qu'on m'écrirait* ultérieurement.

Ainsi *d'une part*, pour quiconque veut comprendre, il est clair que le conseil épiscopal désavoue les violences de M. le Vicaire Général, puisque loin de maintenir la prison à laquelle j'avais été condamné par lui, c'est immédiatement après que j'ai refusé nettement, énergiquement de m'y rendre, qu'il s'empresse de lever la suspense dont celui-là m'avait aussi frappé. Mais : voilà de l'*autre*, on n'ose le désavouer ouvertement, et pour ne pas laisser croire qu'il a commis un emportement, un *ab irato*, une bévue, en m'interdisant, et en m'envoyant passer un mois de prison à Saint-Nicolas, on veut paraître ne faire cesser l'interdit, et me dispenser de la prison que par miséricorde ; par je ne sais quel système d'administration, qu'il faut que le représentant de l'autorité ait toujours raison, on use d'expédients pour arriver à ce point: *que M. le Vicaire Général ayant tort, et au fond ayant été mis en défaut, ce soit pourtant moi qui paraisse avoir eu tort, et soit condamné pour la forme.* Système nécessaire, me dit-on, pour couvrir les fautes des supérieurs, et sauver les apparences ; et moi je dis : système singulier, qui ne sauve rien, et jette tout le monde dans de terribles impasses, et l'autorité autant que qui que ce soit! système peu conforme à l'Evangile, qui nous enseigne le oui, quand c'est oui, et le non, quand c'est non, et nous apprend à condamner ce qui est condamnable dans les grands comme dans les petits, dans les *forts comme dans les faibles;* système des demi-justices ou des demi-injustices: car, s'il ne va pas jusqu'à autoriser la perte de l'innocent, il permet de le sacrifier *pratiquement* au futile point d'honneur, à l'amour-propre, ou mieux à l'*impeccabilité* d'un Grand Vicaire ; système bien plus fécond en ruines et en scandales qu'il n'est propre à sauvegarder la dignité de ceux qui commandent, et à maintenir le respect pour l'autorité !

## IX.

**Confesser ma faute !... Eh ! comment faire ! Hélas ! ma foi, que ne suis-je coupable !**

Les choses étaient donc telles que si jamais on avouait, *en pratique*, qu'un Grand Vicaire peut avoir tort, la cause était finie : on n'eût point donné de suite à la lettre de M. Delalle, et tout eût été dit. Mais, grâce à ce beau principe *que l'autorité doit toujours avoir raison*, le conseil tout obligé qu'il était de reconnaître que ma suspense et ma condamnation à un mois de prison, étaient des actes d'un odieux arbitraire (deux colères), voulait cependant ne paraître me relever de ces sentences que par indulgence, et croyait devoir, à cette fin, exiger de moi une satisfaction quelconque, satisfaction purement factice, satisfaction banale, qui ne pouvait avoir d'autre résultat que de faire accuser l'autorité de faiblesse par les uns, d'inconséquence et de contradiction par les autres ! Mais enfin on y tenait, et si me retranchant dans ma position et la force de mon droit, je l'eusse absolument refusée, qui sait les extrémités auxquelles on aurait pu se porter? Mais cette satisfaction, si banale qu'elle soit, comment la donner, sans mentir à ma conscience, sans nuire à la bonté de ma cause, sans me condamner et me rendre ainsi coupable d'injustice envers moi-même? Ce n'était point facile; cependant je crus en avoir trouvé le moyen dans une lettre que j'adressai à Monseigneur, autant pour tirer l'autorité d'embarras, de ce qu'on appelle en administration une impasse, que pour éviter les coups dont on aurait pu m'accabler, dans l'unique but de me forcer à reconnaître le grand principe que l'autorité ne peut avoir tort, et que M. le Vicaire Général, en me suspendant, n'avait pas extravagué.

Comme satisfaction de ma part, cette lettre ne signifiait rien : mais M. le Vicaire Général ne la comprit pas, ou feignit de ne point la comprendre, et il en abusa étrangement, comme on peut s'en convaincre par les deux pièces suivantes :

Voici la première :

*Évêché de Nancy et de Toul.*

Nancy, le 16 novembre 1854.

« Monsieur le Curé,

« Monseigneur a reçu la lettre que vous lui avez adressée. Mais le vénérable prélat étant parti inopiné-

ment pour Paris, ce ne sera qu'à son retour qu'il prendra une décision sur votre affaire.

» Monseigneur reviendra au commencement de la semaine prochaine.

» En attendant cette décision à intervenir, vous pouvez continuer à exercer vos pouvoirs, comme je vous l'avais déjà fait dire par M. le curé de Houdelmont. »

» Recevez mes salutations empressées.

« L. A. DELALLE,
« Vicaire Général. »

On voit par cette première pièce que M. le Vicaire Général respirait plus à l'aise ; qu'il avait repris courage jusqu'à penser qu'il pouvait me tenir sur l'âne trois semaines, un mois, en me faisant attendre *la décision à intervenir.* Et encore s'il ne se fût amusé que de mes ennuis et de mes souffrances! mais il savait que j'avais avec moi une mère et une sœur, plongées dans l'inquiétude, la désolation et l'angoisse!!...

Mais voyez, dans l'épitre qui suit, comme il affecte de prendre cette lettre à Monseigneur , dont j'ai parlé tout à l'heure, pour un acte d'amende honorable, et de me répondre avec une miséricorde insultante, ainsi qu'à un coupable aux abois, qui a avoué sa faute, et sollicité son pardon !

*Évêché de Nancy et de Toul.*

Nancy, le 4 décembre 1854.

« Monsieur le Curé,

» Votre lettre du 10 novembre est venue bien à propos combattre dans l'esprit de Monseigneur et de son Conseil épiscopal, les impressions pénibles que leur avait causées celle du 30 octobre. Vous avez compris qu'une seconde faute, ayant aggravé si fort la première, il ne devait plus rester place à l'indulgence, et vous avez fait acte de soumission hiérarchique conformément à vos promesses cléricales. Monseigneur, touché des sentiments que vous lui avez exprimés, veut bien mitiger la décision qu'il avait prise à votre égard, et ne pas vous obliger à aller, sous le poids de la suspense, étudier vos matières dans une maison religieuse. Conformément à votre désir, l'année entière vous est accordée pour préparer l'examen, qui sera porté sur l'*Ordo* de 1855.

» Vous ne serez pas déplacé immédiatement, mais votre changement est maintenu en principe, pour être effectué à l'époque que l'administration épiscopale jugera convenable.

» Enfin, à cette époque vous irez faire une retraite de huit jours dans une maison religieuse.

» Je vous recommande, monsieur le curé, d'accepter ces décisions avec les sentiments que vous avez exprimés dans votre lettre à Monseigneur, et de conformer désormais vos paroles et vos actes au respect et à la soumission dont un bon prêtre ne doit pas s'écarter.

» Recevez, etc.

» L. A. DELALLE,<br>» Vicaire Général. »

Je puis maintenant relire sans émotion la lettre du 28 octobre. Mais celle-ci je n'ai pu encore la relire sans frémir : c'est que la première est une violence, un emportement ; mais la seconde une persistance froide dans une injustice criante et une bévue insoutenable. Sur l'heure même je fis à cette lettre la réponse suivante :

Autrey, 6 décembre 1854.

« Monsieur le Vicaire Général,

» Ma lettre du 10 novembre à Monseigneur a été, ce me semble, de votre part fort mal comprise.

» C'est la lettre d'un fils qui pousse la soumission et le respect jusqu'au sacrifice de ses droits et d'un légitime amour propre, pour faire la volonté d'un père qu'il lui coûterait de contrister.

» Mais ne vous y trompez pas, ce n'est point celle d'un coupable qui vient, la corde au cou, demander grâce, ni celle d'un homme disposé à se laisser flétrir.

» Si d'une part, pour être agréable à Sa Grandeur, et témoigner de ma parfaite obéissance, je me suis volontiers soumis, sans y être tenu, à un nouvel examen, de l'autre, je n'ai pas entendu me résigner de même à une prétendue pénalité, d'autant plus odieuse qu'elle est exceptionnelle, créée pour moi seul, beaucoup moins encore à une flétrissure...

» Or la retraite, ou plutôt la pénitence de huit jours que vous m'imposez, serait pour moi, aux yeux de tous, une flétrissure tout aussi bien qu'un mois de prison à Saint-Nicolas.

» C'est vous faire connaître que votre lettre du 4 me rejette dans l'affligeante nécessité de déplaire à Sa Grandeur par un nouveau refus. Mais ce qu'un illustre et saint Evêque de ce temps a osé dire au Pape, j'oserai le dire à un Evêque, en changeant un peu les termes : « malgré les priviléges que Dieu a répandus sur votre tête, il ne vous a pas donné, Monseigneur, celui de condamner l'innocence et de déshonorer un de vos prêtres. » Donc définitivement, monsieur le Vicaire Général, si vous êtes décidé à m'en faire passer par là, j'invoque de nouveau un jugement canonique. Et si vous croyez devoir mépriser une pa-

reille demande, hé bien, immolez-moi ! Que mes desti-
nées s'accomplissent ! La seule grâce que je vous demande, c'est d'avoir l'humanité de frapper au plus vite
et de ne pas, cette fois, me laisser six semaines sous le
poids du glaive. Car il est plus cruel encore d'attendre
le coup que de le recevoir.

» Je suis avec tout le respect, etc.

« SALEUR.

« Curé d'Autrey. »

Mais à la prière de M. le curé de V..., je crus devoir
différer d'envoyer cette lettre jusqu'au jour où M. Delalle m'écrirait, pour me forcer à cette retraite dont il
me parle, ce qu'il nefit jamais : il s'en garda bien l'ha-
bile homme ; car il savait que je ne consentirais pas
plus à faire cette retraite que mon mois de prison à
Saint-Nicolas, et que s'il eût voulu m'y forcer, il se serait replongé dans l'embarras, dont il se voyait sorti
d'une manière quelconque. Les choses en restèrent
donc là.

Ainsi finit la première campagne de M. le Vicaire
Général contre moi. Mais la trève ne dura pas longtemps ; il ne put dormir sur ses lauriers, et entreprit
bientôt une deuxième expédition que nous allons re-
later avec ou sans son agrément.

## X.

### Et faut-il, sans rien dire, recevoir le coup de pied de l'âne et du lion ?

Selon ce que j'ai dit plus haut, deux confrères voisins avaient dû venir, un certain dimanche, chanter la messe, l'un à Autrey, l'autre à Pierreville, sans que je fussse ni malade, ni absent de chez moi. Plusieurs personnes m'avaient prié de les confesser, et j'avais dû leur dire que je ne le pouvais plus : en un mot, dans l'une et dans l'autre de mes paroisses, et dans tout le pays on savait que l'Évêché m'avait ôté mes pouvoirs de curé : mais ce qu'on ne savait pas, c'était la cause pour laquelle on me les avait retirés ; était-ce pour ivrognerie? Était-ce pour immoralité? On pouvait faire toutes les suppositions du monde les plus scandaleuses, et les plus contraires à ma réputation et à mon honneur.

Or ces suppositions, devais-je les autoriser par mon silence? Certainement non, ou y couper court, en expliquant le sujet de ma suspense? Certainement oui.

D'autre part, plus d'une espèce de gens qui n'avaient cessé jusque-là de me poursuivre *per fas et nefas*, poussèrent des cris de triomphe, lorsqu'ils me virent

aux prises avec M. le Vicaire Général, et crurent que
pour eux l'heure était venue de me dénigrer impuné-
ment avec plus d'impudence que jamais.

Jusqu'à ce jour, fort de ma vie et du témoignage de
ma conscience, je m'étais peu inquiété de leurs dires
et de leurs manœuvres: je les avais méprisés ; mais
enfin je perdis patience, et légitimement, je pense.
D'ailleurs je jugeai qu'il était peut-être devenu nécessaire de leur répondre, au moins une fois en ma
vie, et je sentais qu'il y avait alors un certain courage
à le faire.

Tels furent les motifs de quelques communications à
mes paroissiens, communications dans lesquelles je
réglais deux comptes à la fois, le premier avec M. le
Vicaire Général, mon puissant, mon terrible adversaire et mon grand flétrisseur ; le second, avec ce petit
monde d'adversaires et de dénigreurs subalternes.

Dans le fait de ces communications, il n'y avait rien
que de très-simple et de très-naturel : elles étaient parfaitement de mon droit et de mon devoir ; de mon droit,
puisque par là je ne faisais que défendre mon honneur et ma réputation, injustement attaqués ; de mon
devoir, puisqu'elles étaient nécessaires pour empêcher
des suppositions qui eussent fait le scandale du peuple
fidèle, et compromis l'honorable corps auquel j'appar-
tiens. Car, s'il y a partout solidarité entre tous les

membres d'un même corps, c'est surtout parmi nous prêtres qu'elle existe, et que la honte de l'un rejaillit sur tous les autres.

Il est vrai que faire connaître le motif de ma suspense et de ma condamnation à un mois de prison, c'était signaler une étrange bévue de M. le Vicaire Général ; mais de deux maux il faut choisir le moindre : lequel des deux valait le mieux, que M. Delalle passât pour un homme un peu extravagant, puisqu'il en avait donné des preuves, ou moi pour un curé ivrogne, par exemple, immoral !... tel qu'on est obligé de l'interdire et de l'envoyer en prison ? Certes, outre qu'il venait à M. le Vicaire Général de subir la position qu'il s'était faite, en me forçant à défendre mon honneur et ma réputation contre ses violences et d'injustes flétrissures, il me semble qu'il y avait un peu moins d'inconvénients à une chose qu'à une autre, c'est-à-dire à parler qu'à me taire, et que personne à ma place n'aurait balancé un instant à faire les communications que j'ai faites.

Et pourtant elles vont devenir pour moi le principe de nouvelles tracasseries. En effet, mes paroissiens applaudirent, et mes ennemis humiliés n'eussent de longtemps été si hardis : Mais la plus fausse amie de l'autorité, la gent moucharde s'en émut ; vite elle écrivit, ou plutôt elle courut à Nancy, et arrivant tout essoufflée, elle s'écria : « Nouveau coup de tête ! nouveau scandale ! Sous prétexte de se justifier, il vient de faire à ses paroissiens certaines communications où il a parlé de M. le Vicaire Général sans aucun respect, attaqué l'autorité, et de plus nommé, froissé, blessé, injurié, calomnié même, dit-on, la plus respectable famille de la paroisse : il a dit je ne sais quoi... Mais c'est criant ! je le tiens de bonne source, et tout cela ne peut rester impuni !... »

Or, non-seulement M. le Vicaire Général accepta cette calomnie, mais il parut l'accueillir avec l'empressement d'un homme qui a sur le cœur l'issue malheureuse d'une première tentative, et brûle du désir d'en faire une seconde. Nous verrons bientôt quel en sera le succès.

## XI.

### Ce que je fais pour le sauver, l'ingrat dit que c'est pour le perdre !

Au retour d'un petit voyage, où j'avais appris déjà que de certains personnages, se prétendant attaqués, dans mes communications du 17 décembre, à mes paroissiens, faisaient de grandes menaces, et prononçaient contre moi une sentence de mort, je trouvais sur mon bureau la lettre suivante de M. le Curé de V...

V... Jeudi, 11 janvier 1855.

« Monsieur le Curé,

« J'ai été envoyé chez vous mardi dernier, avec mission spéciale de vous demander les explications écrites que vous avez lues au prône le 17 décembre dernier. M. le Vicaire Général paraissait tenir beaucoup à ce que vous me donnassiez *de suite* ce manuscrit que vous avez sans doute rédigé de manière à ne laisser aucune prise à vos ennemis, qui en prennent cependant occasion de diriger de nouvelles attaques contre vous. J'ai du écrire à M. Delalle que ne vous ayant pas trouvé à la maison, je lui enverrai *sans faute* sur la fin de la semaine la pièce qu'il réclame. Ainsi je vous prie, mon cher, de me l'apporter le plustôt possible.

« ... Je suis avec affection votre tout dévoué confrère,

« N. curé de V. »

D'après cette lettre, le jour suivant, dès le matin, je me mis en route pour aller porter les susdites pièces à V... mais chemin faisant je relus la lettre de M. le curé de V... et je remarquai cette phrase : «M. le Vicaire Général paraissait tenir beaucoup à ce que vous me donnassiez *de suite* ce manuscrit. » Bien plus, un voisin chez qui je passai me dit qu'il était expressément recommandé à M. le curé de V... de se faire livrer les pièces, *séance tenante*, SANS DÉSEMPARER. Sans désemparer!! voilà ce qui indignait l'excellent confrère, et ce qui m'indigna plus encore. Aussi je me dis : Non, non ceci n'est plus cela. Ah! c'est sans plus de déguisement qu'il s'avoue mon ennemi, c'est comme la police enverrait ses agents qu'il envoie chez moi M. le curé de V... C'est une saisie qu'il a voulu opérer dans ma maison, c'est de cette manière qu'il me demande mon manuscrit, hé bien! il ne l'aura pas le monsieur.

Cependant pour montrer que je ne faisais point mystère de ces communications, je n'en allai pas moins du même pas les porter à M. le curé de V... en le priant d'y apposer son *vu*, et puis de vouloir les garder, sans d'une heure s'en désaisir, quelque réclamation et quelques menaces que fît M. Delalle.

Et il fut fait ainsi ponctuellement.

Mais quoi!... Je suis un sot et un ingrat! Comment! je n'ai pas vu que M le Vicaire Général n'en agissait de la sorte que par intérêt pour moi : c'était une précaution de sa part pour faire ressortir mon innocence d'une manière plus éclatante, pour rendre sur mes ennemis mon triomphe plus solennel et plus complet.

Voilà au moins ce qu'il me dit un jour que je lui reprochais un semblable procédé. Quand on a de l'esprit on est jamais en défaut!!...»

C'était sans doute aussi par intérêt pour moi qu'en même temps qu'il envoyait chez moi M. le curé de V... de la façon qu'on vient de voir, il me dénonçait à M. le maire d'Autrey par la lettre ci-dessous, qui est bien quelque peu fausse et calomnieuse, sans préjudice de ses autres mérites :

*Évêché de Nancy et de Toul.*

Nancy, le 8 janvier 1855.

« Monsieur le Maire,

« J'ai reçu la réclamation des habitants d'Autrey et de Pierreville en faveur de M. l'abbé Saleur, réclamation dans laquelle on dit qu'il est question de changer M. le curé d'Autrey, *parce que de méchantes gens ont attaqué son ministère près de l'autorité.* Je regrette vivement, monsieur le Maire, qu'on ait ainsi abusé de la crédulité de ces populations, et que vous même soyez tombé dans le piége tendu à votre bonne foi. »

M. le Vicaire Général peut-il ignorer que M. le maire d'Autrey, mon dénonciateur politique d'autrefois, n'est pour rien dans la réclamation qui lui a été adressée? Mais il lui convient de croire qu'il s'en est mêlé, afin d'avoir un prétexte quelconque de lui écrire.

« C'est donc pour rectifier vos idées et celles de vos administrés que je vous écris aujourd'hui. La décision prise par Monseigneur, relativement à M. le curé d'Autrey, n'est nullement motivée sur les rapports des méchantes gens. »

C'est ce que nous verrons plus tard.

« Mais elle est la suite d'une désobéissance grave dont cet ecclésiastique s'est rendu coupable envers son Évêque, en refusant de préparer un examen qu'il devait subir. »

Fausseté, Monsieur le Vicaire Général.

« Et en ajoutant à ce refus des paroles injurieuses. »

Calomnie, Monsieur le Vicaire Général : Citez donc une seule de ces paroles injurieuses.

« Vous le voyez donc, monsieur le Maire, il n'y a là de méchantes gens que ceux qui ont fait l'invention contre laquelle je proteste. Quels qu'ils soient, je déclare que ce sont des imposteurs. »

Vous avez maintenant la parole, monsieur le Vicaire Général : mais gare! Ceux que vous traitez d'imposteurs vont tout à l'heure vous répondre!

« Qui excitent la haine et le mépris des citoyens les uns contre les autres et qui, pour ce fait, pourraient être poursuivis par le ministère public. Aussi je serai peut-être obligé de signaler ces coupables manœuvres au procureur impérial , afin qu'une enquête judiciaire fasse connaître quels sont les auteurs de ces inventions, et contre qui elles se dirigent, parce que nous ne voulons pas que la Religion serve de prétexte à des divisions et à des actes de vengeance.

« Au reste, M. le curé a du connaître la pièce signée en sa faveur. Ce qui m'étonne, c'est qu'il ne s'y soit pas opposé, et qu'il ait trouvé bon que sa défense fut appuyée sur un mensonge.

» Recevez, Monsieur le Maire, l'assurance, etc.

« L. DELALLÈ,<br>« Vicaire Général. »

## XII.

**Troupe de canaille, vous me faites perdre la tête. Chassez, chassez votre curé, mais ne le réclamez pas.**

Par elle même déjà une semblable lettre ne se conçoit pas, mais pour comprendre ce qu'elle a tout à la fois d'odieux, de révoltant et de ridicule, il faut savoir quelle est cette réclamation révolutionnaire « qui excite la haine et le mépris des citoyens les uns contre les autres, » et que M. le Vicaire Général se croit obligé de signaler au ministère public.

Ouvrez donc les yeux, cher lecteur, et lisez bien :

« Le bruit ayant couru qu'il est question de changer M  le curé d'Autrey, parce que de méchantes gens ont attaqué son ministère parmi nous près de l'autorité, et avancé qu'il est mal vu dans ses paroisses, nous soussignés, habitants de Pierreville et d'Autrey, protestons contre cette indigne calomnie, et déclarons que nous verrions avec regrets M. le curé d'Autrey sortir du milieu de nous.

« Pierreville et Autrey, ce 14 décembre 1854. »

*(Suivaient les signatures.)*

Telle est la réclamation adressée à M. le Vicaire Général, voilà ce qu'elle renfermait et dans quelles circonstances elle fut faite. N'est-ce pas que les honorables instigateurs de cette réclamation ne sont que des imposteurs *qui excitent la haine et le mépris des citoyens les uns contre les autres?* N'est-ce pas que celui qui en était l'objet n'est qu'un subtiliseur? N'est-ce pas que nous méritions tous d'être signalés au ministère public par M. le Vicaire Général? Dites-le moi, pour avoir écrit à M. le maire d'Autrey la lettre que vous avez vue, ne faut-il pas que cet homme d'esprit ait un moment perdu la raison ou, comme auraient dit les anciens, qu'une divinité ennemie l'ait aveuglé.

## XIII.

### Vous êtes puni, Seigneur, par où vous avez péché.

Ceux qui avaient dénoncé à M. Delalle mes communications du 17 décembre à mes paroissiens comme un *attentat* contre l'autorité, un *énorme délit* contre ce qu'il y a de plus respectable dans ma paroisse, — et la réclamation en ma faveur, qu'on vient de voir, comme un *trouble sensible* à l'ordre public, un *principe de guerre civile*, ne s'en étaient pas tenus là ; pour assaisonner ce qu'ils avaient déjà dit, ils y mêlèrent un monstrueux canard, que M. le Vicaire Général avala tout de même aussi bien que le reste : ils lui dirent que j'avais parlé contre le dernier jubilé, en chaire, jusqu'à oser avancer qu'il était un abus, et ne produirait rien de bon (1). Selon toutes apparences, M. le Vicaire

(1) Cette calomnie de la part de mes ennemis n'était pas heureuse, puisque j'avais donné, au contraire, une instruction toute entière, pour montrer qu'un jubilé, en général, est toujours une grande grâce, et faire sentir les motifs que nous avions de profiter de celui-ci, en particulier. En effet, on était encore tout plein de la pensée du choléra.

Général avait accueilli tant de belles choses avec une grande satisfaction, non sans doute qu'il fût content du mal en soi, mais elles pouvaient lui offrir le moyen de réparer les échecs de sa première campagne. Travaillant donc à l'instant sur la matière qui venait de lui être fournie, arrangeant ces délations diverses à sa façon, il fit là-dessus, avec l'habileté qui lui est propre, une lettre très conditionnée, qu'il adressa aussitôt à M. le curé de V..., et dont il espérait beaucoup ; voyons que fruit il en a retiré, et comment va finir la nouvelle lutte à laquelle il me force :

1° Au lieu des communications du 17 décembre, dont il paraît si friand, qu'il réclame à cor et à cri, parce qu'il espère y trouver contre moi des armes sûres, des canons de gros calibre, au lieu d'une lettre timide, embarrassée où, ne pouvant me défendre, je me serais enfin humilié devant lui, me jetant à ses genoux, implorant sa clémence, il ne reçoit de moi que la lettre suivante :

Autrey, 16 janvier 1855.

« Monsieur le Vicaire Général,

« Je pouvais espérer que la réclamation solennelle qui vous a été adressée par l'entremise de M. le curé de Vézelise vous ferait plaisir : mais, ô déception, elle n'a au contraire réussi qu'à vous mécontenter. Qui le croirait ? vous n'y avez vu qu'une provocation à la haine des citoyens les uns contre les autres ! Une provocation à la haine ! à la haine de qui ? mais il est évident que le but de mes paroissiens dans cette pièce est uniquement de réclamer en faveur de leur curé, et non de provoquer qui que ce soit. Vous n'y avez vu qu'une bonne foi surprise, le fruit d'indignes manœuvres, un abus de crédulité, une imposture !

Et pourquoi ? c'est que cette réclamation part de ce point « qu'il a été dit que de méchantes gens sont allés me desservir près de l'autorité. » Mais, mon Dieu, est-il quelque chose de plus concevable au monde que ces paroles, qui excitent si fort votre indignation ? Quoi ! mes paroissiens ne savent-ils pas que depuis six ans que je suis à Autrey, j'ai été en butte à de nombreuses dénonciations, toutes aussi bien fondées les unes que les autres ? Ne peuvent-ils savoir qu'au sujet de l'une de ces dénonciations, un prêtre grave croyant devoir intervenir, a écrit, pour être transmis à l'Évêché, qu'il lui était acquis que certaines gens mettaient à me poursuivre beaucoup d'acharnement ? Ne peuvent-ils savoir qu'une personne d'Autrey a dit à une autre personne, partant évidemment de confidences qui lui avaient été faites : « que si je n'étais pas encore changé, c'est qu'on attendait la vacance d'une très-mauvaise paroisse? » Ne peuvent-ils savoir qu'un honorable et puissant membre du conseil épiscopal m'a reproché, au milieu de bien d'autres outrages, que je ne faisais rien dans ma paroisse? Qui lui avait dit cela? Qui lui avait fait sur mon compte ces calomnies, si ce n'est de méchantes gens? Et vous-même aussi, monsieur le Vicaire Général, n'auriez-vous pas dit à un de mes confrères *que je ne faisais rien dans ma paroisse*, et n'auriez-vous pas ajouté, au moins pour le fond, que je n'y avais que des ennemis? Eh bien! qui vous a dit cela? qui vous a fait contre moi ces calomnies si ce n'est de méchantes gens? Or, mes paroissiens ne peuvent-ils pas avoir entendu répéter ce que vous avez pu dire dans cette circonstance? etc., etc., et vous vous étonnez qu'il eût été dit que de méchantes gens m'ont desservi près de l'autorité, et qu'on ait attribué, en partie, mon changement à ces malignes influences! Et vous menacez d'appeler sur ces dires, sur ces conjectures, appuyées de tant de faits, la vindicte des lois! Et vous semblez me faire un crime de n'avoir pas déclaré à mes paroissiens qu'il était faux qu'on m'eût dénigré près de mes supérieurs, et que le seul motif de mon changement était l'affaire de mon examen!... Mais je ne le pouvais, en vérité! mais pour protester ainsi contre moi-même il m'eût fallu mentir à ma conscience; car je suis bien loin d'être persuadé

que mon examen soit la seule cause de mon changement, et qu'on ne me sacrifie pas à de lâches et occultes
détracteurs ! — Bien mieux, voulez-vous savoir, monsieur le Vicaire Général, ce que me disaient hier plusieurs confrères : « L'opinion du clergé est que votre
examen n'a été qu'un prétexte. »

» Vous le voyez, monsieur le Vicaire Général, si penser et dire que mon examen n'a pas été la cause véritable de mon changement c'est une imposture digne de
la répression des lois, vous allez avoir bien du monde
à mettre en accusation devant le ministère public !...

» O contradiction, monsieur le Vicaire Général, vous
me reprochez d'avoir laissé croire à des poursuites contre
moi, d'avoir permis qu'on attribuât mon changement à
des moucharderies, et voilà qu'en même temps vous me
faites connaître que deux nouvelles dénonciations pèsent
sur moi, l'une à l'occasion du jubilé, l'autre au sujet
de ce que j'ai lu à mes paroissiens le 17 décembre, et
vous me demandez, la menace à la bouche, de me justifier !! Comment voulez-vous que je puisse allier tout
cela ensemble ?

» La première de ces dénonciations, je la nie et je la
méprise ; c'est toute la réponse que je crois devoir y
faire, jusqu'à ce que mes ennemis aient osé signer ce
qu'ils disent, et alors on verra...

» Et je vous demande, monsieur le Vicaire Général, la

permission de suivre la même marche, quant à la seconde, c'est-à-dire que je vous prie de trouver bon que je ne me mette pas en frais de défense aussi longtemps que mes adversaires n'auront pas formulé et signé leurs accusations. Certes, ce n'est pas que je redoute la lumière et le grand jour pour la pièce, qui est entre les mains de M. le curé de V..., afin qu'on ne puisse dire que j'y ai changé quelque chose. Mais assez longtemps j'ai prouvé la fausseté, et souvent la bêtise de ce que mes dénonciateurs ont dit contre moi ; qu'ils sortent enfin de derrière ce honteux rideau des délations occultes, et qu'ils démontrent ce qu'ils avancent !

» Il est vrai, monsieur le Vicaire Général, que venant en quelque sorte à leur secours, vous me menacez de me tenir pour coupable, si je ne livre pas le manuscrit incriminé ; mais, permettez-moi de vous le dire, vous ne le pouvez pas ; non, le mal ne se présume point, mais il se prouve ; daignez donc laisser à mes accusateurs le soin de faire valoir leurs plaintes : Si leur cause est bonne, ils ne peuvent manquer de triompher ; car, outre qu'ils sont peut-être puissants et rusés, ils paraissent de plus avoir vos ardentes sympathies, comme l'indique assez l'attitude trop significative que vous prenez à mon égard ; en effet, n'usez-vous pas de votre autorité spirituelle pour m'ordonner d'être muet, quand ils me déchirent, me noircissent et me vilipandent, et pour me bâillonner jusqu'à ne pas me permettre même un mot en public pour ma défense, — par je ne sais quelle suspense *ipso facto* qui sert merveilleusement leur cause; *plus encore, chose incroyable,* vous paraissez disposé à invoquer en leur faveur le *bénéfice du bras séculier* comme j'ai pu m'en convaincre par votre lettre à M. le maire d'Autrey!!

» Au lieu de soutenir le pasteur et sa paroisse, vous vous rangez donc du côté de ses ennemis!!

» Eh bien soit, la seule grâce que je vous demande, plein de confiance dans la bonté de ma cause, c'est de n'être pas jugé et condamné, sans confrontation avec mes adversaires, sans preuves d'une part et sans défense de l'autre.

» En finissant cette lettre, monsieur le Vicaire Général, je sens le besoin de vous faire une prière, c'est de n'entremêler qui que ce soit dans mon affaire ; c'est de me tenir pour seul responsable de ce que je puis avoir l'honneur de vous écrire. Vous devez d'ailleurs comprendre que, lorsqu'un homme joue de ces gros jeux comme celui que l'honneur et la conscience me forcent depuis quelques mois à mettre sur table, les résolutions qu'il prend peuvent bien trouver dans de certaines âmes de secrètes approbations, mais jamais lui être conseillées par personne.

» Je vous prie d'agréer, etc.

» SALEUR,
» Curé d'Autrey. »

2° Vous venez de voir cette fameuse lettre, cette impérissable lettre de M. le Vicaire Général à M. le maire d'Autrey ; or, afin que tout ce qui devait s'y rapporter fût odieux, révoltant ou ridicule, voici l'aventure qui lui arriva à ce sujet : Au lieu de l'adresser audit magistrat, tout préoccupé de ma personne, tout plein de mon nom, l'ayant, à ce qu'il paraît, dans l'esprit, dans le cœur, dans la mémoire, jusqu'au bout de la plume ; voilà bien qu'il me l'adresse à moi-même ! Au retour du voyage, dont j'ai parlé plus haut, je la trouvai sur mon secrétaire, à côté d'un autre de M. le curé de V..., de laquelle j'ai aussi parlé. Je crus d'abord que ne voulant pas au moins me prendre en traître, on m'avait envoyé une copie de ce qu'on écrivait à M. le maire de faux et de calomnieux contre moi ; et je conservai ce que j'avais reçu pour en faire l'usage que je jugerai à propos. Mais, ô fatale méprise, j'avais entre les mains une pièce qui aurait dû se trouver entre celles de M. le maire d'Autrey, et dont M. le Vicaire Général ne tenait nullement à me donner connaissance. M. le Vicaire Général le sut et se facha contre moi, comme si j'étais la cause de son étouderie, il écrivit même à M. le curé de V..., pour lui dire que je n'étais pas *honnête* et *poli;* que selon les règles de la correspondance j'aurais dû remettre cette lettre à son destinataire, ou la lui retourner sur-le-champ, comme si je devais supposer qu'il fut distrait jusqu'au point de m'adresser cette pièce, au lieu de l'adresser à M. le maire.

Je dus me justifier par la lettre suivante :

Autrey, 20 janvier 1855.

« Monsieur le Vicaire Général,

» J'ai tout d'abord pensé que la lettre de M. le maire d'Autrey, par vous à moi adressée, n'était qu'une simple copie; maintenant que je sais le contraire, je viens vous demander ce que je dois en faire.

» Mais à qui je doive la livrer, ce ne sera pas sans protester contre ce qu'elle contient de faux et de calomnieux.

» J'ai l'honneur d'être, etc.

» Saleur. »

M. Delalle ne répondit pas, et m'abandonna sa lettre, or il fit bien; car s'il l'eût de nouveau réclamée, d'après certaines observations extrêmement justes de quelques confrères, je lui eusse répondu que, réflexion faite, je ne croyais pas devoir me désaisir d'une pièce où j'étais diffamé, mais que je pensais, au contraire, avoir parfaitement le droit de la conserver, en bénissant le ciel qui avait permis qu'elle tombât entre mes mains pour punir le détracteur et protéger l'innocent.

Ainsi, au suprême dépit de M. Delalle, je restai possesseur de cette lettre curieuse, lettre inappréciable, qui m'a servi infiniment jusqu'aujourd'hui ; en effet, chaque fois que j'ai voulu édifier quelqu'un sur toutes ces affaires entre lui et moi, sans entrer dans de trop grands détails, il m'a suffi d'exhiber cette pièce avec une ou deux des autres. On s'indigne d'abord, on rit ensuite, et la cause est jugée !!

3° Le hasard ou plutôt la Providence ayant fait tomber entre mes mains cette lettre à M. le maire d'Autrey, je dus la communiquer aux personnes qu'elle concernait comme moi, c'est-à-dire aux honorables instigateurs de la réclamation en ma faveur. Elle les étonna, elle les scandalisa, mais elle ne les intimida point ; et ils crurent devoir y faire la réponse qu'elle méritait, disaient-ils. Ainsi, au lieu d'une pièce à charge contre moi, telle qu'il pouvait l'attendre d'un homme aussi bien disposé que l'était à mon égard

M. le maire d'Autrey [1], M. le Vicaire Général ne reçut que la lettre suivante :

Autrey, 21 janvier 1855.

« Monsieur le Vicaire Général,

» Nous soussignés avons eu l'honneur de vous adresser, par l'intermédiaire de M. le doyen de Vézelise, une réclamation en faveur de M. le curé d'Autrey, notre digne pasteur ; il est infiniment clair que par cet acte nous n'avons pas eu l'intention de provoquer qui que ce fût, mais seulement de réclamer pour un prêtre honorable que nous croyons véritablement et audacieusement poursuivi, et non mériter les traitements qu'on lui fait subir.

» Dans cette lettre que vous avez adressée par méprise à M. le maire d'Autrey, et qui ne peut-être destinée qu'à M le maire de Pierreville, nous voyons avec autant de peine que d'étonnement la manière dont vous avez accueilli une réclamation aussi éclatante et aussi universelle, et que vous ayant laissé prévenir par des bouches ou des plumes calomniatrices, vous épousiez la haine et la rancune de quelques ennemis de M. le curé, en les soutenant contre lui et ses paroisses.

[1] Comme je l'ai dit, mon dénonciateur politique d'autrefois.

» Le bruit dont nous avons parlé : « que de méchantes gens ont desservi M. le curé près de l'autorité, » n'est fondé que sur trop de faits ; témoins toutes ces délations auxquelles il a été en butte depuis quelques années, et bien d'autres choses de notoriété publique.

» Veuillez donc, M. le Vicaire Général, laisser de côté ces mots : *Bonne foi surprise, abus de crédulité*, et croire que sans avoir autant d'esprit que vous, nous ne sommes pas des imbéciles, qui ne savons ce que nous faisons, et moins encore des imposteurs ! Vous nous menacez du procureur impérial ; c'est bien nous, au contraire, qui aurions le droit de traduire à sa barre ceux qui nous accusent d'imposture !

» Vous nous parlez d'examen et de paroles injurieuses de la part de M. le curé ; nous n'aurions pas cru que tout cela dût nous regarder, et nous sommes surpris que ce soit vous qui veniez nous révéler de pareilles choses, car ça n'est pas fait pour exciter notre confiance. Si M. le curé vous a dit des paroles injurieuses, nous en sommes étonnés ; c'est bien contraire à son caractère plein de douceur et à sa manière d'agir avec nous ; il faut donc croire que vous les méritiez.

» Ainsi, M. le Vicaire Général, malgré la lettre que vous avez pris la peine de nous écrire pour *rectifier nos idées*, nous croyons ce que nous avons cru, nous affirmons ce que nous avons affirmé, en vous priant de nous épargner à l'avenir et vos insinuations injurieuses, et toutes vos inutiles menaces.

» Veuillez agréer, M. le Vicaire Général, les salutations respectueuses de vos très-humbles serviteurs.

>> *J.-B. B...*, *maire de Pierreville. N. V...,*
*ancien maire. N. B..., ancien maire. M...,*
*secrétaire de la mairie de Pierreville.* »

4º Quelques jours après que M. Delalle, par une fatale distraction, m'eût adressé *sa lettre à M. le maire d'Autrey*, je reçus une autre épître presque non moins remarquable : c'était un deuxième foudre de guerre. Bref, au fait, un honorable confrère, lui aussi, voulut avoir été attaqué dans mes communications du 17 décembre, non seulement lui, *mais lui et les siens*. Il ne les avait pas entendues, mais on lui dit cela, et il le crut ; sur quoi, jetant feu et flammes, il m'écrivit l'intéressante lettre que voici :

N... 14 janvier 1855.

« Monsieur [1],

» Vous avez poussé à bout notre patience par les communications que vous avez faites à vos paroissiens

---

[1] Un *petit curé* comme moi ne méritait pas qu'on lui donnât ce titre.

du haut de la chaire chrétienne, le 17 décembre dernier. Notre famille a un droit imprescriptible à son honneur et à sa réputation, que vous n'avez pas craint de compromettre gravement par vos paroles pleines d'invectives, d'injures, de calomnies et de diffamation. Ce procédé de votre part est d'autant plus coupable, que jusqu'au moment où vous nous avez si gravement outragés, ni moi, ni aucun des miens, nous n'avions parlé de vous, ni en bien ni en mal à l'Evêché. Nous nous contentions de recevoir en silence vos compliments saugrenus, et de subir vos excentricités.

» Mon intention, si je vous eusse rencontré à Autrey, la semaine dernière, était de vous demander une réparation convenable de votre délit; mais votre absence, m'ayant ôté le moyen de vous faire connaître ma pensée sur cette affaire, je vous fais cette lettre pour que vous sachiez, que si d'ici à huit jours vous ne vous êtes pas engagé envers moi à faire la réparation que j'exige dans les termes que règlera M. le Vicaire Général, je vais pour la première fois (notez-le bien) faire connaître à l'officialité diocésaine votre répréhensible conduite envers moi et les miens.

» Nous aurions pu, Monsieur, vous traîner sur les bancs de la police correctionnelle, demander à la justice du pays la répression de vos actes aussi injustes que peu chrétiens, et en obtenir un jugement qui vous

aurait condamné à l'amende et peut-être à la prison;
mais le respect que nous avons pour le corps sacerdotal
que vous compromettez, et le caractère sacré dont vous
êtes revêtu, nous a arrêtés.

» Toutefois, rien ne nous empêchera de demander
au tribunal ecclésiastique dont vous êtes le justiciable,
la punition canonique dont vous vous êtes rendu digne
à tant de titres.

» J'ai l'honneur de vous saluer,

» N**** »

Je m'abstiens de toute réflexion. J'aime mieux, cher
lecteur, vous les laisser faire, vous laisser dire vous-
même, en riant à votre aise,

« Que notre amé Turgot
» Parle tout comme un sot. »

et sans plus de commentaires, je passe à la réponse que
je fis, m'imaginant que vous désirez sans doute la connaître.

« Autrey, 17 janvier 1855.

« Monsieur le curé,

» Sans avoir entendu mes communications à mes
paroissiens, le 17 décembre, vous m'écrivez à ce sujet
une lettre outrecuidante, pleine de grossièretés, de

colère, d'injures et d'incompréhensibles menaces ; si vous n'étiez prêtre, je l'aurais honorée du mépris de mon silence ; mais en cette qualité, je vous fais un mot de réponse.

» C'est vous, c'est vous, monsieur, qui, m'accusant comme vous le faites dans votre lettre, me calomniez, en général, et en particulier, pour ce qui est du 17 décembre. Car, ce jour précité, sans *nommer personne*, et par conséquent sans *diffamer personne*, j'ai donné à mes *deux paroisses* des explications qu'exigeaient rigoureusement mon honneur, ma conscience et le bien de mon ministère. Si dans cette circonstance j'ai dépassé les limites d'une légitime défense, de la modération, du droit, et violé le respect dû à la chaire chrétienne, qu'on me le prouve.

» Jusque là, permettez-moi de vous dire que les réparations et la correction judiciaire ou autre conviendraient bien mieux qu'à moi-même à ceux qui interrompent un prêtre en chaire et souvent l'insultent et l'outragent en rue.

» Nonobstant ce que vous m'avez écrit, et ce que je viens d'avoir l'honneur de vous répondre, je vous prie d'agréer, *monsieur le curé*, les respectueuses salutations de votre humble serviteur.

» SALEUR,<br>» Curé d'Antrey. »

C'est curieux, me dites-vous, c'est divertissant, mais que s'en suit-il ? Vous allez le voir. Relisez seulement cette phrase de la lettre de M. l'abbé N... : « Je vous fais cette lettre pour que vous sachiez que si d'ici à huit jours vous ne vous êtes pas engagé envers moi à faire la réparation que j'exige dans les termes que réglera M. le Vicaire Général. » On pourra bien ergoter là-dessus ; M. Delalle surtout, avec son habileté et son rare esprit d'invention, ne se trouvera pas embarrassé. Mais n'est-il pas clair, pour quiconque veut comprendre, que M. le curé de N... ne se serait pas avancé jusqu'à me sommer de m'engager dans la huitaine à lui faire une réparation *que réglera M. le Vicaire Général*, s'il n'eut connu *d'avance* quel serait l'arrêt du tribunal qui devait nous juger. Or, comprenez-vous maintenant toute la portée de la lettre de M. l'abbé N... ? Cette lettre, d'une indiscrétion si compromettante pour M. le Vicaire Général, ne montre-t-elle pas qu'il m'a jugé ou plutôt condamné sans m'avoir entendu, sur la simple déposition de mes ennemis, *puisqu'alors je ne lui avais encore rien écrit pour ma défense?* ne constate-t-elle pas entre M. l'abbé N..., mon adversaire, et M. le Vicaire Général, une *entende cordiale*, et une entende cordiale qui, n'ayant pas abouti, n'a eu d'autre résultat que de jeter sur tous les deux un égal ridicule.

5° Frustré de ces communications, dont nous avons vu qu'il était si avide, M. Delalle se fâcha, s'irrita, non-seulement contre moi, il n'avait plus à le faire, mais contre M. le curé de V..., comme on peut s'en convaincre par la lettre suivante :

» V..., 20 janvier 1855.

» Mon cher curé,

» A peine étiez-vous sorti de chez moi, avant-hier, que la poste, en retard, m'apporta une lettre de M. Delalle, dont je crois devoir vous donner connaissance, parce que toujours ce brave homme s'imagine que nous voulons le jouer et gagner du temps dans la conduite de vos affaires. Les reproches ne me sont pas épargnés, surtout parce que je ne prends pas tout à fait les choses comme lui, et que je veux absolument démêler le vrai du faux.

» ......., Je me propose de répondre à M. Delalle ce soir, et j'espère bien lui désiller les yeux encore sur différentes erreurs dans lesquelles il persiste à votre égard. Il me parle aussi d'une enquête qu'il se verra obligé de faire pour connaître l'effet de votre prône du 17 décembre, parce qu'il n'a pas confiance que ce que vous m'avez remis n'ait pas été corrigé et modifié par vous.

» Ainsi, vous voyez qu'il veut conduire les choses à fond, mais j'en suis bien content, parce que je crois que c'est à votre avantage et que vous devez désirer le premier une enquête sur les griefs que l'on vous impute, et dont on connaîtra par là la véritable source.

» Je vous salue bien affectueusement.

» N... »

M. le curé de V .. m'ayant donné connaissance des choses qu'on vient de voir, et d'autres encore, j'adressai aussitôt à M. le Vicaire Général la lettre suivante :

« Autrey, 24 janvier 1855.

» Monsieur le Vicaire Général,

» Je saurai supporter certaines choses ; mais si patient que je sois, puis-je souffrir d'une âme tranquille que vous m'accusiez de vouloir me tirer d'affaire par la dissimulation et le mensonge? Pour vous prouver que je ne redoute point la lumière et le grand jour, permettez-moi donc de venir vous vemander une enquête solennelle. Si je n'avais craint de mettre en émoi mes paisibles populations par le scandale qui s'attache nécessairement à ces sortes de choses, cette enquête, déjà je l'eusse provoquée. Je le fais aujourd'hui sans scrupule, puisqu'elle est devenue, à ce qu'il paraît, le seul moyen d'en finir, et de vous convaincre qu'on vous a fait, s'il m'est permis de m'exprimer ainsi, de la sauce sur des cailloux, et qu'il n'y a pas l'ombre de fondement aux ardentes poursuites dirigées contre moi. Mais j'espère qu'avant tout vous allez me nommer mes délateurs, et qu'après informations vous ne vous bornerez pas au regret de vous être tant ému sans motif, mais qu'en toute justice vous exigerez de mes accusateurs une réparation convenable, solennelle, comme l'enquête elle-même.

» J'ai l'honneur, etc.

» SALEUR, »

6° Autre déboire pour M. le Vciaire Général qu'une pareille lettre ; c'était le pousser à bout, le mettre aux abois. En effet, le voilà réduit à cette cruelle alternative ou de s'enfoncer avec solennité, en faisant une enquête, lui et ceux qu'il soutient, ou d'avouer son impuissance et sa défaite en ne la faisant pas.

M. le curé de V... vient de nous dire « que les reproches ne lui étaient pas épargnés. » C'est une manière adoucie d'exprimer toutes les belles choses, toutes les gentillesses qui lui furent adressées. Je suis un homme dangereux par mes idées, eh bien ! il avait le tort de se faire comme qui dirait mon fauteur, etc., etc. M. le curé de V... de riposter avec sa modération habituelle, mais aussi avec cette fermeté et cet esprit que tout le monde lui connaît. — Intéressante correspondance! pour vous avoir je donnerais la moitié de mon bien; j'en ferais une jolie collection à part.

De cette mystérieuse correspondance, je n'ai guère su que ce que je ne pouvais pas ignorer; mais je crois au moins savoir que les lettres de M. le Vicaire Général étaient telles qu'on pût lui dire : « Que dans son propre intérêt on aurait la prudence de ne les communiquer à personne, et quelque chose de plus fort que je ne crois pas devoir ajouter.

Pour M. le Vicaire Général, nouveau déboire, qui est d'avoir écrit ces autres lettres fort compromettantes, qu'il sait sans doute entre les mains d'un homme extrêmement prudent, mais qui n'en peuvent pas moins d'un jour à l'autre tomber par hasard dans le domaine de la publicité.

7° Voyant l'animosité de M. Delalle, je compris que malgré tous mes bons droits les choses ne se termineraient pas de si vite. Pour en finir, je m'avisai d'un moyen : ce fut de porter mon affaire devant monseigneur lui-même, au palais des Tuileries, par la lettre qui suit, à laquelle je joignis les pièces dont il y est parlé.

« Autrey, 18 janvier 1855.

» Monseigneur,

» D'après ce que m'avait écrit **M**. le supérieur du grand séminaire, j'espérais que mes affaires se termineraient par la lettre que j'ai eu l'honneur de vous adresser, en date du 10 décembre, lettre si pleine de sentiments de respect et de vénération pour Votre Grandeur, que **M**. Delalle a cru pouvoir en tirer des conséquences que d'ailleurs je n'accepte pas.

» Mais malgré cette lettre, voilà que de nouveau la foudre gronde sur ma tête, à l'occasion des trois choses suivantes :

» 1° D'une réclamation de mes paroissiens en ma faveur (copie ci-jointe, n° 1), réclamation dans laquelle **M**. Delalle voit *une imposture* et *une provocation à la haine des citoyens les uns contre les autres*, et au sujet de laquelle il a écrit à **M**. le maire d'Autrey une lettre qui nous semble une injure pour moi, pour les instigateurs de la susdite réclamation, pour toute la paroisse ( copie ci-jointe, n° 2).

» 2° De communications faites par moi à mes paroissiens le 17 décembre, communications que j'ai cru m'être imposées par l'honneur, la conscience et le bien de mon ministère.

» 3° D'une dénonciation contre moi, relativement au jubilé dernier ; nouvelle et sotte calomnie, dont je demande qu'on me nomme les auteurs, sinon pour les poursuivre, du moins pour les faire rougir.

M. le Vicaire Général met tant de feu dans toutes ces affaires et, poussé à bout, je me sens de telles résolutions, que les choses, Monseigneur, peuvent devenir très-graves. C'est pourquoi, en votre absence du diocèse, je crois devoir prendre la liberté de les porter à la connaissance de Votre Grandeur, comme aussi j'ai prié M. le Vicaire Général de vous communiquer la lettre que je viens d'avoir l'honneur de lui adresser.

» Plein de confiance dans votre justice, j'ai l'honneur d'être, Monseigneur, etc.

» SALEUR. »

J'ignore ce qu'on écrivit de Paris à M. le Vicaire Général, mais il crut devoir se justifier près de Monseigneur. Ah ! il savait que le tribunal lui était doux et facile ! mais enfin il crut devoir se justifier en adressant à Sa Grandeur copie d'une certaine pièce bien plus faite pour elle que pour moi, quoiqu'il me fasse l'honneur de m'y adresser la parole.

Dernier déboire, qui met le comble à tous les autres; qu'il dût être amer à M. le Vicaire Général de voir que toutes ses émotions, toutes ses colères, toutes ses lettres, toutes ses manœuvres n'avaient abouti qu'à la nécessité de se défendre lui-même !!!

Renonçant, un peu malgré moi, je l'avoue, au plus piquant des commentaires, je ne dirai que peu de choses de ce triste plaidoyer. M. le Vicaire Général m'y reproche, par exemple, d'avoir parlé de mes affaires personnelles, dans la *chaire de vérité*, comme si un prêtre ne pouvait en certains cas, lorsque c'est nécessaire, user légitimement de cette *chaire de vérité*, pour défendre sa réputation, son honneur, confondre et faire rougir, une bonne fois pour toutes, la moucharderie, la détraction, et la rampante calomnie.

Il me reproche mon *système général sur l'Autorité*, *mes manières excentriques*, l'esprit *qui fait les sectaires*, — Comme si, par cette charge, par cette habileté d'avocat, il espérait faire oublier l'injustice et la cruauté de ses procédés envers moi : car, il sait ma foi bien qu'on n'est pas hérétique pour ne penser pas en tous points comme l'*Univers* et ses partisans.

D'ailleurs, il n'y a pas seulement que les prêtres qui n'aiment point l'*Univers* qui soient aujourd'hui les victimes de cet esprit de violence et d'arbitraire ; j'en connais qui ont des convictions bien opposées aux miennes, et qui n'ont pas été moins maltraités que moi. En voulez-vous un exemple pris parmi beaucoup

d'autres, lisez les lignes qui suivent, extraites de
quelques *notes intimes* :

« J'ai parlé quelque part d'une certaine lettre adressée
à M. le curé de N... Cette lettre, qui suffirait seule pour
souiller la mémoire de celui qui l'a écrite, a eu les
suites les plus déplorables : Mon Dieu, quel scandale !
pour en produire un pareil, comme de gaîté d'âme,
ne faut-il pas qu'un supérieur soit un huguenot caché,
ou ait perdu la boule !

« Un Vicaire Général qui n'écoute que son esprit de
rancune :

« Un Évêque qui donne sa parole (une parole de grâce),
et la retire le lendemain, sous la pression qu'on exerce
visiblement sur lui :

« Un curé, le modèle des prêtres, ignominieusement
banni d'un diocèse auquel il a été incorporé, et se trou-
vant jeté là, sur le pavé, *après avoir dépensé* en bien-
faisance et en œuvres pies un patrimoine de 30,000 fr.

« Les députés honorables d'une paroisse, chassés de
l'Evêché par un Grand Vicaire, avec de gros mots de
colère, des mots tels qu'un homme ordinaire, un peu
bien élevé en rougirait ; et cela, parce qu'ils vont, au
nom de toute une commune, réclamer leur bon pasteur :

« Un curé obligé, pour se justifier et sauver son honneur, de dire en chaire ce que c'est trop souvent qu'un
Évêché :

«Toute une paroisse indignée, exaspérée, maudissant et traînant dans l'ordure des noms qu'elle ne devrait prononcer qu'avec respect et bénédiction :

« Tout le pays où se passent de si belles choses, perdant, je ne dis pas la foi, mais ce je ne sais quoi qui le rattache encore à l'autorité spirituelle : tels sont les points les plus saillants de cette lamentable histoire que je voudrais avoir le temps de raconter plus au long.....

« Elle a fini, comme finissent beaucoup d'autres de ce genre : après bien des recours en grâce de la part des confrères, et de la part de la paroisse, on a, par l'intermédiaire de M. le doyen, envoyé à M. le curé de N... un acte d'amende honorable tout fait, qu'il devait copier et souscrire purement et simplement, sans explication aucune ; acte dans lequel on lui faisait dire : « qu'il était vivement touché de la *miséricordieuse bonté* de Monseigneur, que sa critique de certaines choses, que tout le monde a critiquées aussi bien que lui, n'avait rien de raisonnable : » *en d'autres termes*, qu'il ne pouvait sortir de l'Evêché rien que de vrai, de bon, de saint, comme s'ils étaient infaillibles et impeccables.

Après cette digression, qu'on me pardonnera, je l'espère, revenons à la lettre de M. le Vicaire Général.

Un autre reproche qu'il me fait, c'est *de mettre en avant l'opinion de certains confrères*, et il me prie *de les laisser en paix*, comme s'il ne se souvenait plus que j'ai été obligé de lui écrire pour le supplier de me rendre seul responsable de mes actes et de mes paroles, et de ne maltraiter personne à mon sujet.

Il se plaint aussi que mes paroissiens lui aient adressé des réclamations soi-disant injurieuses, comme s'il eût dû en attendre les plus grands égards, lorsqu'il les avait lui-même insultés.

Il me reproche encore de ne pas savoir que lui manquer, c'est manquer à Sa Grandeur :

> Qui méprise Marin, n'estime point son roi,
> Et n'a, selon Marin, ni Dieu, ni foi, ni loi.

Enfin que dirai-je ? cette dernière pièce de M. le Vicaire général est à peu près, pour le fond et pour la forme, dans le style de toutes les autres ; toutefois, si je ne me trompe, on y sent que son imperturbable assurance l'abandonne, qu'à force de ne presser que du sable sous ses pas, et de glisser sans cesse, il s'est à la fin fatigué ; on dirait presque que le courage lui manque, qu'il commence à faiblir et à chanceler sur ses genoux ; aussi son plaidoyer se termine-t-il par ces paroles :

« Ainsi le mal ne me fait pas oublier le bien, et je serais tout disposé à amnistier le passé, si vous preniez une attitude décisive, qui fût conforme à l'esprit ecclésiastique, et aux principes qui doivent diriger tout homme raisonnable. »

Timeo Danaos et dona ferentes !!!

Je crains ce baiser !!!

En effet, sans qu'il puisse m'accuser d'avoir rien fait qui fût contraire à ce qu'il appelle l'esprit ecclésiastique, et aux principes *qui doivent diriger tout homme raisonnable*, on verra bientôt comment M. le Vicaire Général va me traiter après son perfide embrassement.

Ce sera l'objet d'une seconde partie, qui comprendra l'histoire de ma translation forcée et de mon interdit. Il ne dépendra pas de moi, cher lecteur, qu'elle ne paraisse au plus vite, car, *s'il est temps de se taire, il est temps de parler, et de publier sur le toit ce qui se passe dans le secret de la maison.*

# POUR PARAITRE PROCHAINEMENT.

----

**Pourquoi je suis Chrétien ou démonstration de la Divinité de J.-C.,** par F.-D. Munier.

**Études sur la liberté,** par l'abbé Saleur.


## ŒUVRES DE BORDAS-DEMOULIN.

**Le Cartésianisme ou la véritable rénovation des sciences,** ouvrage couronné par l'Institut. Paris, 1843.

**Mélanges philosophiques et religieux.** Paris, 1846.

**Les Pouvoirs constitutifs de l'Église.** Paris, 1855.


## ŒUVRES DE F. HUET.

**Éléments de philosophie pure et appliquée.** Paris, 1848.

**Le Règne social du christianisme.** Paris, 1853.

**Essais sur la réforme catholique.** La lecture de ce nouvel ouvrage qui a été rédigé collectivement par Bordas-Demoulin et F. Huet, et qui paraîtra en mai 1856, est utile, je dirai même nécessaire, à tout catholique qui veut s'instruire à fond sur la situation actuelle de l'Église.

----

**Philalèthe ou la Religion de la bonne foi,** 2e édition, suivie de l'Histoire de mon interdit, par F.-D. Munier. Mai, 1856.

----

**Le nouvel Évêque, en bouts-rimés,** par Jean Bonhomme. Pièce de Fantaisie. Mai, 1856.

**Un Portrait,** par J.-B. Mai, 1856.

IMPRIMERIE DE MUNZEL FRÈRES, A SCEAUX.